一俗六仙《いちぞくろくせん》

川村隆
日立製作所　元会長

東洋経済新報社

一俗六仙

はじめに

まず、この本のタイトル「一俗六仙」につき述べる必要があろう。これは1週間7日間のうち、俗世間的仕事はギリギリと絞って1日程度にとどめ、あとの6日間は仙人のように俗世から離れて、自分の本当にやりたいことだけをやる、つまり晴耕雨読的、林住期的暮らしをしたいという私の願望を表現した言葉――造語である。

私は若い頃からこの言葉を口走ってはいたが、新聞のコラムに書いたもの等をまとめて73歳頃に私家本『一俗六仙』として自社印刷部門より出版した。この時が、この言葉が世に出た最初であった。

今、私は81歳になった。これからの林住期的暮らしを始めるにあたり、本書のタイトルも同じ『一俗六仙』とした。象徴的俗世である東京都（武蔵野市）に棲みながら、俗世との関係をほどほど「一俗」にとどめて、自分の好きなことに時間をかけていきたいのだ。

好きなこととしてまず挙げられるのは、睡眠、入浴、散歩だ。古人にも睡眠こそ人生の最大の贈り物という人がおられ、そのことは本書にも記しておいた。入浴も散歩も私の日常で、それも書いた。続いて趣味については、私の場合はスキー、ゴルフ、山野歩き、小唄、三味線等である。スキーは運動神経が鈍いのに好きなスポーツである。これらは少し詳しい記述をしてある。

ただなんと言っても「六仙」の主たるものは読書、学問の先端調べ、瞑想である。新型コロナウイルス感染症が世界を席巻している現状では、家の中での最大の愉しみはやはり読書であろう。若い頃の特急列車的読書とは異なり、じっくりと読める。『カラマーゾフの兄弟』も『アンナ・カレーニナ』『戦争と平和』も、あと幾つもの大河小説などの文学作品も、歴史、哲学も読める。コロナ下でもよいこともあるのだ。

これら六仙的なものは、「人生の生きがい」と表現することもできる。人生は1回しかないのだから、その中で本当に好きなことに集中する時期が持てれば、その人の幸せはこれに尽きるということだ。

本書は、こうした林住期的生活についてが全体の半分ほどを占めるが、前半は仕事に関するもの、すなわち企業などで働くに際しての働きがい、やりがいについて触れた。働きがいは人生において大変貴重なものだが、それは世間的評価という裏打ちを必要とし、その分だけ個人の純粋な生きがいよりはやや下のものになる、と考えている。どちらにせよ、仕事のやりがい、人生の生きがいという両方が手に入れば、これに過ぎたるものはない。

私が世界金融危機の後に担当した「沈む巨艦　日立」の立て直しに関しては、本書にも記したが、その後も同社では随分長期間にわたり懸命な作業が続いている。私の時に過去最高の業績に戻し、その後の10年間に社長が2回交代してさらなる過去最高を何回も達成している。にもかかわらず、日本の中での位置は保っているものの、世界の中で見ると地位が下がってしまっている。これは日本全体の経済力の国際的地位が大きく下がってきているためだ。

そこで今後の日本のあり方について、米中等々と比較しつつ近未来の姿も考えてみた。日本、日本人は新型コロナウイルス感染症の後、本当に頑張るべき時代に入ったと思う。猛スピードで世界全体が変わっているのだから、今までどおりの日本の頑張りでは足りないということなのだろう。至らぬ中身ではあるが、近未来の日本と世界への私のラフなスケッチを本書の最後に記した。

一俗六仙

もくじ

第2章 企業は社会のためにある

企業は稼がなくてはならない
現状維持は衰退につながる
様子見大国ニッポン
企業の要は1つでいい
企業とカメラの目
日本の企業統治
企業を囲むステークホルダー
情より理をとれ
改革にはスピードと尖りが大切
楽な道はどこにもない
日立もベンチャー企業だった

第6章 人生の愉しみ 181

第1章

引き受ける力

弥生三月

もう昔のことになってしまったが、2009年3月雛祭の日、私は出先にかかってきた1本の電話に本当に驚かされた。

日立製作所の庄山悦彦会長・指名委員長からの電話は、「4月1日付けで日立の社長を引き受けてくれないか?」というものだった。その時、日立は1910年の創業以来何回目かの危機的状況にあった。内包してきた課題が、世界金融危機後の経済状況の中で一斉に火を噴き、日立は日本の当時の製造業として史上最悪の赤字決算(純損失約7800億円)をしようとしていた。

私は2003年までは日立の副社長をしていたが、その後はグループ会社会長となって日立本体から離れており、年齢も69歳と、連結日立の改革を断行する新社長としては考えにくい状況であった。

「明日お返事を」と言って電話を切ったものの、私の中では、この状況下での大組織の舵取りは無理だなとの気持ちが強かった。友人たちに相談しても、俺だったら引き受けないよ、無理だよ、難しいぞ、との声が多かった。

吉祥寺北町にある私の家は、茨城県の日立工場から東京に転勤になった時に建てたもので、新聞記者も驚くほどの小宅である。ただ、東京にはめずらしい田畑や林も家の周辺にはまだ残っており、野生の鶯も居て囀《さえず》りの練習を開始する季節でもあった。明るい春の日差しの中をゆっくりゆっくり散歩するうちに、私の考えも少しずつ前向きになっていった。
一旦緩急あって、私の能力を活用したいと頼まれたのだから、誠心誠意これに応じ、馳せ参じて貢献するのがよく、遠慮や尻込みはよくない。首尾よく救援投手の役割を果たせた時にも、あるいは首尾がよくない時にも、どちらも、すぐさま引けばよいのだ、との気持ちになった。

この結論に至るには伏線があった。1つは、あとに述べるが、私が遭遇した全日空機ハイジャック事件、そして、日立工場で先輩から教わった「ザ・ラストマン」の精神。もう1つは、ラッセルやヒルティなどの著作『幸福論』などから学んだ「晴耕雨読的生活と世

俗・俗塵の中での生活との往復という人生はありうる」という論である。これらを一昼夜反芻して、出処進退を決めたのであった。

結果は、幸いにも私が執行役会長であった2年後に、日立は純利益で過去最高値を更新できるところまで再生し、私は経営執行の重い役を降りて取締役会長に退くことができた。

今でも散歩の折、温かい日差しに出くわすと、社長を引き受ける決心を固めた弥生三月のあの日のことを思い出す。散歩道からは、野生の鶯の仕上がった囀りも稽古中のそれも聞こえる。近くの中学校の部活動で鶏の飼育も始めたらしく、雄鶏の朝の時の声が鶯の声に交じったりして、賑やかな時もある。

私は今、八十路に入り、企業経営や企業統治の仕事からはすべて引退した身となれたので、「一俗六仙」の中身をどうしようかと考えながら散歩できる。愉しいことである。

最後に船を降りる者

ザ・ラストマンとは、かつて日立工場長の綿森《わたもり》力《つとむ》さんから受けた訓示の中に出てきた言葉である。1970年の春のことだったと思う。

「君たちは課長になった、総責任者だ。おめでとう」

新しく課長に昇格した者たちが集められた場で、綿森さんはこう切り出した。

「君たちの課が今から栄えるも衰えるも君たち次第だ。君たちの意思決定とその実行次第なのだ。そしてその総合された結果が、工場の業績として現れる」

「もし結果が芳しくなくこの工場が沈没する時がきたとしたら、君たちやその部下たちを先に船からボートに降ろす。最後の1人まで降りたのを見届けたあと、艦長たる私が最後に下艦する。最終責任者の責任とはそういうものだ。君たちの中からもいずれそういう役割を担う者も出る。心して努めよ」

そして、綿森さんは「ラストマンとは何か。組織の中での総責任者、すなわち最終的意思決定をしてその実行に責任を持つ者という意味だ」と言い渡して、一同の顔を睨《ね》め回したのだった。

われわれ新任課長たちは、自分の課における最終的な意思決定者となりその責任を取る、というところには大いに納得したが、自分が工場長や社長になって全体責任を取るなどとても考えられずに、そこは上滑りに聞き流していた。

しかし、小組織も大組織も最終意思決定者の存在は必須で、自分は小組織ながらその一員になったということは腹に落ちた。あわせて、ザ・ラストマンなる言葉もしっかりと頭に入った。

それから30年近く経ったある日、私は再びこの言葉を胸に刻むことになる。1999年7月23日に起きた全日空61便ハイジャック事件だ。

羽田発新千歳行きのジャンボジェット便の出発直後に、刃物を持った青年がコックピットに押し入った。副操縦士を押し出し、長島直之機長を刺殺して自分が操縦し、横田基地近辺で地上200メートルほどまで降下した。

偶々《たまたま》乗り合わせた非番のパイロット・山内純二さんがコックピットの扉を打ち破って副操縦士や乗客とともになだれこみ、犯人を取り押さえ、操縦桿を奪い返して操縦を開始。手動で加速せんとしたが、長島さんの体があるため、なかなかうまくいかない。もうだめかという瞬間に、長島機長があらかじめ設定していたであろう自動出力増指令が効き始めて機体は上昇し、失速して墜落するのをかろうじて免れた、長島さんの設定があったので助かった——。後日、山内さんとお話する機会があった際、そうおっしゃっていた。

あと20秒ほど機体上昇開始が遅れれば、同機は調布市近辺に墜落し、乗客乗員517名に加えて、市街部の人的物的損害は計り知れないものになっていたであろう。


私は札幌での業務のためにこの61便に乗っていた。事件はジャンボ機の2階で起こり、私は1階乗客だったので事件の進行中はその経過が皆目わからず、後刻全貌がわかって肝を冷やした。

乗務員たちはこの間ずっとマニュアルに基づいて行動した。ハイジャックされた件を羽田に連絡し、乗客に対しても「本機はハイジャックされましたが、乗務員たちが適切に対応処置致しますのでご安心ください」と放送された。

このマニュアルは基本的に「犯人の言うことを聞いてやることで乗客の安全を守れ」というもので、ハイジャックの先行事例であるよど号事件（1970年）では効果があった対策だが、今度は違った。

山内純二さんは、操縦室から漏れ響く地上異常接近警報音に居ても立ってもいられなくなり、コックピットの扉を打ち破って犯人を取り押さえ、操縦桿を奪い返したのであった。これはマニュアル違反である。しかし彼はこの場面において、危機への真の対処法を理解し実行できた唯一の人、まさにザ・ラストマンであった。「私はマニュアルどおりに対応しましたが墜落してしまいました」では何にもならないのだ。

私はこの事件で、緊急時にこそラストマンが居ることが必要だ、と心を新たにした。日立工場で綿森さんに聞かされた話――危機時にこそ艦長が最後の責任者だという話もくっきりと思い出した。

長島機長は最後の最後まで犯人を説得しつつ、何とか飛行機を無事に着陸させようとした結果、犯人に亡き者にされた。機長もまさにザ・ラストマンであった。

私は、この時ザ・ラストマンにつき心を新たにしたけれど、このあと自分にそういう機会がくる可能性はほぼ零《ゼロ》だろうとずっと考えていた。

ところが現実には、この事件から10年も経てから、そういう機会が巡ってくることになった。

また、この事件で、人はいつ死ぬかわからないのだという事実を突き付けられ、1日1日を大切に生きるという自覚が芽生えた。


山内さんはこんなこともおっしゃっていた。

「羽田に無事着陸できて、510名余りの乗客乗員すべての方に降りていただき、それをこの目で確認してから、最後に私がタラップを降りたのです。実は、タラップ中段の踊り場のところへきたら、やっと私にも心からの安堵感が湧いてきて、その場にへたへたと座り込んで、しばらくは立てない状況でした」

「山内さん、大変ご苦労様でした、ありがとうございました。ザ・ラストマンのひと仕事が終わった時ってそういう状態になるのでしょうね。艦長・機長は最後の1人として降りるのですものね」

沈む巨艦のラストマンを引き受ける

２００９年３月３日、私に日立製作所の執行役社長の打診がきた時、当初は大いに逡巡したが、よく考えて翌日に「やります、やらせてください」との返事を取締役会指名委員長に返した。

ハイジャック事件でザ・ラストマンなるものの重要性を身に染みて感じながら、自分の後半生にはその機会はまずなかろうと思っていたところ、10年後に突然、機会が出現したのだ。厳しい周辺状況ではあるが、「沈む巨艦」の再生という大仕事は普通の人生の中に滅多には出てこない千載一遇のチャンスだと捉え、ラストマンなる仕事に正面からぶつかろうと決心できたのだ。当時の日立は多くのメディアから沈む巨艦と評価されていたのであった。

ただ自分の70歳目前という年齢は気になったので、業績回復に失敗したらただちに退任するし、またもし成功しても短期間で執行役社長は交代する旨を、指名委員長と内密に話し合った。

執行役社長・最高経営責任者（ＣＥＯ）は会社の経営執行の最終意思決定者でとにかく忙しい。海外出張から徹夜便で帰国して朝からの会議を主催するとか、体力勝負の場面が多々あり、この高齢では長期の連続投球はできない、あくまで救援投手だと考えたからであった。


イエスの返事のあと、社長になってまず何から手を付けるかを考え始めた。日立本体から6年間離れて、いわば外から日立を眺めてきたことは役に立つと思ったし、何より日立グループの人たちを「きちんと食わせて、先輩たちの年金もちゃんと出せるように企業業績を回復させなければ」との気持ちも強かった。従業員のことだけではなく、さらに全ステークホルダー（利害関係者）のことまで拡大して考えるようになれたのは、私の場合は社長になって少しあとからのことであった。

新社長記者会見は3月16日だとのことで、それまでの12日間は、ここ10年間にわたる連結日立の財務経理状況のお浚《さら》いをした。１９９８年のアジア金融危機、２００１年のＩＴバブル崩壊を経過して２００８年の世界金融危機により、想像していたよりもはるかに大きな累積損傷を受けていることがわかった。

急速に業績を回復させるためには、集中する事業と、遠ざける事業——つまり撤退や縮小の対象にする事業の選別、意思決定のスピードアップと少人数での意思決定、日本本体の社内分社による責任の明確化、グループ会社への「君臨すれども統治せず」方式の改革、そして連結資本の増強などが必要だろうと大体の見当をつけ、記者会見に臨んだが、結果は散々であった。


それまで日立は何度も改革を口にしたし、『沈むな！　日立』などの特集を雑誌や新聞に組んでの応援ももらったが、実行が伴わず、多くが計画倒れに終わっていた。記者会見で、こちらはラストマンという言葉こそ使わなかったが、熱弁をふるったにもかかわらず、報道陣が一貫して冷たかったのもむべなるかな、であった。

それでも私たち新経営陣は、決心していた。綿森さんの話に出てきた沈没しそうな巨艦も、ハイジャックされた飛行機も、7873億円の最終赤字を出した巨大企業も危機的状況という点では同じようなものだ。山内さんが全日空機でラストマンの役割を果たしたように、自分たちも日立でその役割を引き受けよう！　と。

事の成否は神様以外誰にも見当がつかなかった。

社外取締役は「オーナー」たれ

取締役会というのが、多くの企業にある。

これは企業の経営執行をしている執行役社長・CEO以下の部隊を監督・監査する組織であり、企業組織図では経営執行部隊の上位に、しかし、株主総会よりは下部に書いてあるものだ。

人間、誰かが自分を見てくれているという感覚は自分の支えになり、緊張感を持って仕事をすることにもつながる。法人と呼ばれる企業も、この点ではまったく同じである。

私は、日立製作所の執行役社長や執行役会長を経て、取締役会長を4年やり、あと2年間だけ相談役業務も引き受けた。そしてその時点までに依頼のあった他社の社外取締役も時間の許す限りは、引き受けることにした。

取締役会は監督・監査部門として重要だし、社外取締役はとくにステークホルダーの意見を代弁できる重要な役割だと承知していたので、他社のために可能な限り働きたいと考えたためである。金融機関、食品メーカー、不動産企業、メディア、家具家庭用品企業そして最後に電力企業の社外取締役を引き受け、取締役会への参加等を通じて、社長以下の経営執行部隊に対する監督・監査業務や次期人材育成作業支援を行った。

企業の社会的役割は、デジタル改革（ＤＸ、デジタル・トランスフォーメーション）等を含めた企業改革（ＣＸ、コーポレート・トランスフォーメーション）を持続的に行って「稼ぐ力」を向上させ、成果を社会に還元し、社会の進化を下支えすることにある。私のかかわったどの会社も、稼ぐ力を持続的に向上させようと格段の努力を払ってはいたが、世の中の変化のほうが速くて、成果となって現れるのが目標どおりにはならない例も多かった。

取締役会には執行役社長以下を選任・解任する権限もあるが、そういった事態にまで発展する例も、幸か不幸か私の経験した範囲内にはなかった。

社外取締役は非常勤であり、また社員ではないので執行業務に関して会社を代表する権利、つまり代表権はない。ただ、気持ちは企業のオーナーのつもりで、企業の経営執行陣が社会の富を創生し、それを社会還元するという基本業務に邁進しているか、およびそれ以前の基本事項として法と企業倫理の遵守を実行しているかを監督し、成果をモニターすることが肝要だ。

これまで国内でも、精密機器製造業や電気機器業、自動車製造業、電力会社などにおいて、法と企業倫理の不遵守の事例が続出している。それを取締役会にて摘出も是正もできず、結局、後追いで改めて設置した社外委員会が法的責任を追及し、経営執行や取締役会の根幹人事を正す――というようなことが行われてきた。


この日本的やり方は3つの意味で恥ずかしいのだ。

経営陣が法と企業倫理に悖《もと》ることをしてしまうということ。それを監督・監査機関たる取締役会が把握できず是正できないこと。さらには両者がこのイロハのイのところで躓《つまず》くため、本来の役割である「企業価値の持続的向上」という企業のあるべき境地には到底達しえないこと、の3つである。私が社外取締役を経験した期間に関係した各社では、幸いこういう企業倫理の問題事例はなかった。ただし、企業価値の持続的向上という基本部分においては、取締役会にも経営側にも課題があるケースはいくつもあった。少し細かくなるが、東京電力の例を少々述べることにしよう。

東京電力での経験

私は2017年6月から2年もしくは3年という任期で東京電力の社外取締役を引き受けた。

取締役会長でもあり、月1回の取締役会や年1回の株主総会の議長をやる。社外役員ゆえ非常勤であり、社長以下経営陣の監督と監査（モニタリング）が業務で、会社を代表して顧客などのステークホルダーと交渉するというような執行業務はやらない。結局3年間にわたり、前に述べた「オーナーのような気持ち」で社外取締役・取締役会長業務に従事したつもりである。

取締役会、とくにその中の社外取締役が関与する項目と言えば、まずは経営陣が法律に違反したり、企業倫理に悖《もと》ることに手を染めたりしていないかを監督・監査することである。国内他電力においてその事例が見られたので注意していたが、東京電力においてはそれに類する事例は発生していなかった。監督官庁にもその旨が報告されている。私が赴任したあとで、社内監査を「三様監査」方式にして精緻化したこともよい方向に影響していると考える。

三様監査とは、社内の企業統治の形態監査から始まって、社内で日々発生している事象を取締役会の監査委員会（社外取締役が多数の委員会）で監査し、次に角度を変えて社内組織たる内部監査室でも監査し、さらに角度を変えて外部の組織である会計監査法人でも監査するというものである。これらを相互連絡しながら行い、かつ内部通報も活用するという三重（三様）方式により、監査に漏れのないようにする。
国内で発生した他社の不祥事例では、社外からの厳正なチェックが不足して、事を表沙汰にすることを逸したようだが、この三様監査で互いの突き合わせをする方式はそれが補える利点があった。

東京電力の社外取締役としてはさらに、前任の指名委員会と取締役会が決めて２０１７年４月から発足した新社長・ＣＥＯ以下の新経営陣が適正妥当な働きをしているかを、執行業務実績から判定するのも仕事の1つだった。電力会社としては最近では類を見ない若い（当時53歳）社長が指名されていたので、その経営実力を判定する役目があったのだ。

結論的には、既存事業を取捨選択したり、新規事業をきちんと手掛けたりすることに関して正しい経営執行がなされていたし、企業風土の改革に関しても成果が出ていたので、合格と判断をした。


少し細かく言うと、合否を判断するうえでは、再生エネルギー発電事業をきちんと強化しているかをまずチェックした。資本の100％を親会社が持つ社内分社を、収益責任をきちんと持った形で発足させ、1号案件としてベトナム国での水力発電事業を立ち上げていたし、2号案件としても日本国内の洋上風力発電事業に応札が進められていた。また、世界先端の洋上風力技術を導入するためデンマークのオーステッド社との提携も完了し、実務が進んでいた。

今後の地球温暖化対策としては、社会全体の電力化推進に加えて、水素の活用によるエネルギー貯蓄や運搬が必要になる。それについても東京電力では火力発電担当の子会社であるJERA社が、従来燃料の石炭LNG等に代えて水素事業を開発するという形で進めていた。

原子力についても、福島第一原子力発電所事故後の賠償事業や廃炉事業、さらにそのための地域対応を社長が陣頭に立って処理していたし、福島第二原子力発電所では再稼働ではなく通常廃炉方式を進める方向で意思決定がなされ、実務が進められていた。柏崎刈羽原子力発電所の再稼働についても同じく社長以下の働きで、規制機関や地元新潟県他との間の必要な諸手続きの進捗が見られた（ただし、2021年に入り発電所の監理不十分の箇所が発見され、原子力規制委員会の指摘により、対応中である）。

こうしたことから、経営陣に対して合格点を付けたわけである。


企業にとって稼ぐ力は、企業の持続的発展のため、また、企業の創出した付加価値を社会へ還元するために、極めて重要な項目だ。

それは東京電力もまったく例外ではない。稼ぐ力は、東京電力が大切にしてきた「公共性」に勝るとも劣らぬ必須項目だということを、取締役会も経営陣も社内で繰り返し教育した。

東京電力は現在、従来の総括原価方式（供給原価に基づいて料金が決められる）から一般民間企業と同じ市場競争原価方式に改めるという大改革の最中にある。これに伴って、企業文化の大改革運動が組織を挙げて行われている。

実務レベルでは、職場組織の小集団を単位とした「カイゼン活動」を母体とする企業文化改革が行われており、成果を積み重ねつつあると思う。この点には取締役会も指名委員会も多分に活動を支援した。今後の原子力発電所の再稼働とも組み合わせての「稼ぐ力の向上」は、近い将来、大いに期待が持てるとの感触を得た。

電力の小売り販売に関しては、激烈な市場競争の真っ只中だ。東京電力はメンテナンスサービスとセットで同業者との戦いに勝ち抜こうとしているが、私の会長時代はまだ苦戦していた。今後の脱炭素運動と組み合わせて勝機を探す形だ。

福島事故のあと、かなりの人が他出したが、公益的なエネルギー関係業務の重要性の意義を噛み締めながら残っている優秀な人々が稼ぐ力の重要性を理解して、電化社会・脱炭素社会の中の電力会社の役割を果たしていく。その中で福島第一原子力発電所の廃炉と福島の復興を担っていく時、こうした意識改革は長く重要な項目となるだろう。

ちなみに、これらは年1回の株主総会で全株主からチェックされるだけでなく、年に数回の頻度で支配的株主（現在は株式持分51％の日本国。実務代行は、経済産業省経由で原子力損害賠償・廃炉等支援機構〈以下、支援機構〉が任命した運営委員会（支援機構以外にも多数の社外委員で構成）の検証も受けながら遂行されつつある。

福島第一原子力発電所事故後の対策のために、株主資本増強分や借入金について国家支援を得ているので、当然のことだ。資本増強分については、可及的速やかに国庫返却をする形で着々と準備が進んでいるし、賠償や事故炉の廃炉処理等のための費用分の借入金についていては、今後のカーボンニュートラル活動と同程度の長い期間をかけて国庫に返済していくことで、方式が定まっている。その作業は、支援機構により監督される。こうした長期の計画についても、周辺情勢の変化を受けてその都度、支援機構と東京電力との間で話し合われて決められる。

東京電力の経営は、取締役会から監督・監査されているのに加えて、とくにその長期的対応を国からも監督・監査されているという点において、一般民間企業と大きく異なる。とくに意思決定に影響するステークホルダーの多さと、実行時の時間軸の長さについては、一般民間企業の経験をはるかに超えた相違があった。

この東京電力の3年間をもって、私の社外取締役関連の仕事はすべて終了となった。

東京電力以外で難しかった社外取締役業務としては、金融関係での社長交代を指名委員会の委員長として実行したことなどが挙げられる。この時は事後に、株主総会で質問も出て、私が回答したりした。

東京電力の場合は、そうした企業よりもかなり難しかった。強くモノ言うステークホルダーが多く居て、しかもその意見のベクトルが少しずつ異なっている時に、長い時間軸の中で変身しながら答えを作っていく……という芸当は、私には無理と感じた。私には執行役社長ＣＥＯは無理で、社外取締役として前述のようなことを残すのがやっと、という思いであったが、とにかく私の最後の仕事は終わった。

私の人生の岐路

映画『男はつらいよ』で寅さんも言っているとおり、誰もが自分の人生でいくつもの分岐の場面に出くわす。右か左か、はたまた真ん中の道か、その時自分が持っていた考え方と経験に、周りの人々の助言を加えて自分で考え、どの道を選ぶか結論を出す。自分で結論を出せる人になるためにも、人は大学に行くのだ、とまで寅さんは言っている。

私が大きな意志を持って「引き受けた」場面を記してきたが、ほかにももちろん、いくつもの人生の岐路に出会った。

最初の分岐は、不発にこそ終わったが、第2次世界大戦の最終局面におけるソ連軍の北海道占領作戦であった。

私の故郷は札幌である。もし米国のトルーマン大統領がソ連のスターリン書記長の動きを阻止してくれなかったら、1945年8月をもって北海道はソ連領土になるか、あるいは朝鮮半島のように北側がソ連占領地、南側が米国占領地と2分割されたであろう。

当時6歳の私はソ連占領地の人間となり、ロシア語を喋る人となったか、あるいは日本領土への引揚者となったか――という第1の分岐点もどきである。その後の人生は想像もつかない。ソ連軍は、南樺太の取り戻しと千島列島すべての占領とを強行し、その後75年も経てもその状況は変わらない。


第2の岐路は、大学受験である。公立の札幌西高校生であった私は、地元の北海道大学ではなく、また周りが期待した文科ではなく、東京大学理科一類を受験することになった。

1955年、私は高校1年生の時、香川県小豆島にて実施された「全日本学生キャンプ友の会」に応募し参加した。高峰秀子主演の映画『二十四の瞳』の舞台となった土庄町《とのしょうちょう》にての1週間のキャンプで、私は日本中から集まった高校生たちと瀬戸内海の夏を大いに愉しんだ。

北海道から初めて出てみて、とくに東京の高校生の視野の広さなどに驚かされ、「やはり内地の人はすごい」との感想を持った。北海道では、本州のことを「内地」と呼ぶのだ。まるで自分たちの土地は「外地」と認めているようなものだが。

帰途に東京に立ち寄り、敗戦後10年での復興状況も見て、これまた感心した。帰郷後に父母、祖父に話して「そんなに東京に行きたいのならまず試験に受かるようになりなさい」という形での許可が出た。

戦前の旧制札幌第二中学校長だった祖父からは、「東京大学に行くなら法学部だぞ」との希望が出たが、「今は湯川博士の物理学ノーベル賞の時代。日本は科学技術立国だよ」と言って理科をめざすことにし、１９５８年に東京大学理科一類に入学。１９６２年に工学部電気工学科を卒業した。

より広いところに出て行きたがる習性は、私の次男に遺伝した。次男は、東京大学化学系修士課程のあと、米国はもっと大学改革が進んでいると米国の大学院博士課程に進み、教職を得、米国人になり、もう日本には帰ってこない。


第3の岐路は、結婚相手と就職先を決めることであった。私が結婚相手に会ったのは、大学3年生の時である。お茶の水女子大学との合同ハイキングの時に出会ったその相手、桑原祥子は、私の故郷からはるかに遠い四国・松山出身の同年齢の大学生であったが、幼馴染みと言ってもよいほどに気が合った。

大学卒業時には、私は東京ではなく茨城県日立市にある日立製作所の創業工場に就職すると決めていて、2年後の祥子の大学院修士課程（当時は専攻科）修了後に東京で結婚式をして茨城県に来る、と約束していた。私は、日立工場にもそれから婚約者にも両方に惚れこんで未来の約束をしてしまったのであった。

第4の岐路は、前述の「沈む巨艦のラストマンを引き受ける」であった。

そして第5の岐路は、80歳になって一切の役職や肩書を外れたちょうど今、来ているのだ。

第 2 章

企業は社会のためにある

企業は稼がなくてはならない

「企業・会社の存在価値はどこにあるか？」

私にこう尋ねたある人に、あなたはどう考えているのか、と逆質問をしてみたことがある。回答は、「社員を雇用すること。つまり仕事を与え、報酬を払い、家族を支え、それにより社会を下支えしている」というものであった。私は「それは正しいが、部分的回答だ。実態は……」と反論を始めた。


企業のステークホルダーには、従業員とその家族はもちろん、顧客、材料・部品等の供給先、競合企業、投資家（株主）、メディア、将来世代が含まれる。

それだけではない。社会的共通資本もステークホルダーだ。大きく分けると、地球・自然環境（大気・水・森林・河川・土壌等）、社会インフラ（道路、交通、上下水道、電力ガス等）、制度資本（金融、教育、司法、医療、地域・自治体・国・世界等）の3つがある。企業の役割は、毎年新たに付加価値を創出し、それをこうしたステークホルダーに配分して社会還元し、それをもって社会の発展を下支えすることだ……。

相手の弁護士はこう返してきた。

「なるほどねえ。たしかに大企業はすでに社会的に大きな存在になっており、毎年作り出した付加価値を各ステークホルダーに分配していますね。従業員に対してだけではなく、中央政府にも地方政府にも税金として、投資家・金融機関には配当や利子として……さらに地球環境対策などにもずいぶん貢献してくれたり……」

「ただ中小企業では付加価値創出がうまくできない例も多いし、ブラック企業のように社会から富を吸い取っているものもある。大企業だって稼ぎの悪い所、付加価値の社会還元どころではない所も多いですよね」。社会の仕組みがよくわかっている弁護士の理解は早かった。一般の人々にも理解していただけるとうれしい。

付加価値とは、企業の売上高から仕入原価を差し引いた値であり、企業利益に相関する価値である。創出したその付加価値を従業員への報酬や供給先への支払い、自治体や国への租税公課、金融機関への利子、金融費用、株主への配当、地球環境改善向けの費用、設備投資・研究開発投資・人材開発投資……などの形で社会に還元するのだ。
企業が国内で創出した、毎年の付加価値の全合計はすなわち国のＧＤＰ（国内総生産）になる。このことからも企業が社会を下支えしていることは理解できるはずだ。
つまり、企業は従業員だけのために存在するわけではなく、広範な利害関係者、つまり社会全般に貢献するために存在しているのだ。

そのためには、企業は稼ぐようにならなくてはいけない。「利益や収益を挙げる」ではなく稼ぐという言葉をあえて使うのは、稼いで社会に還元する意味を理解していない企業が少なからず存在すると思うからだ。きちんと稼げない企業は、社会を支えるどころか、逆に社会にぶら下がっているだけと言える。

日本のＧＤＰの伸びが近年停滞していることと、日本企業の利益、つまり稼ぐ力の伸びが見られないこととはまさに相関している。日本の企業は稼ぐ力をもっと強化しなくては世界の列強とはまともに戦えぬということだ。

現状維持は衰退につながる

企業経営者の仕事は、経営資源を最適配分することから始まる。ヒト、モノ、カネ、情報という資源のうち、これまではカネが重要な要素だった。資本主義、株式会社、市場経済という人類の大発明は、資本つまりカネを出発点としているから当然のことである。ただ今後は、少し乱暴に言うと、カネとモノは従来比でやや重要度が下がる。カネもモノも特に先進国では比較的だぶついてきているからだ。
ただ、これには前提が要る。今、先進国でも途上国でも、社会格差は拡大基調にある。この格差が是正され、カネ、モノが従来以上に広く社会全般に行き渡り、格差は減少に向かうという前提である。この部分は政治（政府）の力に大いに頼ることになる。

その中にあって、ヒトと情報という資源の使い方は従来に増して重要度が上がってきている。

経営者は、情報の取り扱い方に従来以上の工夫と努力が必要になる。社内外で発生していることをモニターするのにも、情報が世界中から瞬時に集まってきて、それらを人名や企業名や発信者の付けた格付けなどによってAI（人工知能）によりスクリーニングし、最初の指示が出せるようにDXを済ませておく必要がある。DXは従来業務のデジタル化ではまったくなく、業務システムを稼ぐ力の持続的向上型に変更することである。ここには経営者の思想が入っていなければならない。

経営者がデジタルデータ部門を直轄して、自分は日々こういう数値と情報がほしい、各週では……各月では……と決め、そのためにはシステムはこういうインプットに対しこういうアウトプットたるべし、と指示しなければならない。

また、経営者は、人材育成や人材獲得など役に立つヒトの確保にこれまでよりはるかに努力が必要だ。現在では、企業価値は「株式時価総額＋有利子負債」などで近似されているが、いずれ社内の有為な人々の未来価値換算値がそれに加わってくるはずだ。

日本では相変わらず大学卒からの新規採用が主流の「育てる文化」だが、欧米型の出来上がった人材を「連れて来る文化」も同じくらい重要になる。人材はすべからくプロフェショナル人材でなければならず、年功序列・終身雇用制による従来型枠組みは企業の中の一部分の組織にのみ残される形になる。

企業にとって一番難しいが大切なのは、平時からの改革だ。まず、今後の衰退事業を見極めて外に出す。次に、残った既存事業の中から、生産性改革により稼ぐ力を増大したうえで外に出せる経営資源を新たに作り出す。そのうえで衰退事業や既存事業から新しく生まれた経営資源を、あらかじめ社会実験などをしながら調べていた新事業に注ぐのだ。新事業は、まったくの新分野というよりは既存事業の周辺の土地勘のある事業などがよいだろう。

現状維持を目指すだけの経営では企業がいずれ危機に落ち込む。既存事業と新規事業の両立て経営、二兎を追う経営を常時やっておくことが経営の基本となる。特に、創業者の次の2代目以降では必ずやらなければならない。2代目以降では日本でも米国でも企業の利益率がじりじりと下がるのが実績的に見られるが、これは経営者も従業員も競争を望まず、痛みのある改革を後送りにし、様子見経営をするのが原因だ。それでも米国では平均的に見て、100年近くかけてじりじりと利益率が下がるのだが、日本では2代目以降ただちに稼ぐ力の降下が始まる例が多い。

様子見大国ニッポン

最近、欧米型資本主義の修正の必要性が説かれることが多いが、それ以前に、日本の普通の企業はまだ欧米レベルのアニマルスピリットを持った資本主義に届いてはいない。

株式時価総額で企業の実力である企業価値を比較すると、日本企業はまだ欧米・中国等の企業の後塵を拝していることがその証拠だ。まずは国際市場でまともに戦えるレベルの稼ぐ力を獲得することが、ポストコロナ時代における日本企業の第1にめざすべきことである。そのためには、新型コロナウイルス感染症に対応しつつも、早急な改革が必須だ。

欧米対比で日本は労働市場の流動性は低く、社員の離職率は高くはない。正規社員には年功序列・終身雇用での事実上の雇用保障がなされていることが、いろいろな問題の起点になってしまった。雇用保障のない非正規雇用者との間の確執にもつながっているし、また一方、欧米と比較すると受動的でまじめな正規社員ばかりが多くなっている。競争を望まず、痛みのある改革に取り組まず、事態好転や自然解決のみを待つ「様子見型」ばかりが増えてしまい、イノベーション不足・労働生産性不足につながってしまっているのだ。

雇用や解雇に関する労働法制改革から始まる一連の働き方改革により、ポストコロナ時代の正しい道筋を作らなくてはならない。


困ったことに、様子見型の傾向は企業に限ったことではなく、日本社会全般に広く見られるようになってしまっている。日本の現在の停滞は、政治家や日本銀行総裁などの責任だけに帰すべきことに非ずして、国民各層が等しく責任を取るべきことと言わざるをえない。

というのは、大企業も中堅・中小企業も企業団体も農協も銀行も医師会も広告代理店も労働組合もメディアも大学も――、1980年代までの黄金時代に莫大な財力と政治力・発言力を蓄積する間、競争を望まず、痛みのある改革に取り組まず、事態好転と自然解決のみを待って様子見をするという不健全体質になってしまい、熱意なく硬直した職場が日本中に蔓延する体たらくにしてしまったからである。

今回のコロナで浮かびあがった日本の社会像は「国際比較では格差の少ない平等社会」であり、それはそれでよいのだが、静謐過ぎて行動力のない社会、誰も何もしない社会という姿もはっきり見えたのだ。

斯様《かよう》に国全体が満遍なく病んでいる時の解決策としては、これまでの日本や諸国の歴史から見て、次の3つの対応策が考えられる。
1. 英チャーチル首相やサッチャー首相のような強い指導者——各部門の利害調整ができ、全体最適利益方向へのまとめ上げができる人をリーダーにすること。
2. 敗戦や明治維新など大きい外圧を利用すること。
3. 企業など各利益団体、政府を含む各公共団体内の各組織が、試行錯誤しながらも組織体の回復に資する改革方向に歩むこと。
それぞれをビジネスの世界で言うなら、1は社長・CEOのリーダーシップの話となるだろうし、2は戦争等を含む国際環境やM&A（企業の合併・買収）により受ける外圧を活用することになるだろう。3は企業内部の活性化から出発する改革に相当すると思う（86ページ参照）。結論として、企業にも大改革が要るのである。

企業の要は1つでいい

企業の要《かなめ》は社長・CEOである。CEOすなわち最高経営責任者が執行役会長である企業もときどきはあるが、社長がその任にあるのが普通なので、ここでは社長・CEOと書いておく。

要というのは、企業執行の意思決定責任および結果責任は、最終的にCEOのところ1本にまとまっているということである。だからCEOが「ザ・ラストマン」なのだ。企業の意思決定箇所は1カ所たるべきで、2カ所以上にまたがっていてはいけないのだ。

その意味では、指名委員会等設置会社という企業統治が一番理に適った形態だと思う。会長を置く場合も取締役会長ということとし、CEOを含む経営執行陣を、取締役会として監督・監査する役割に徹底させるのである。

現代のCEOには、とくに稼ぐ力、企業価値向上へのあくなき意識と執着とが求められている。まさに経営専門職たるべし、というところである。そのためには、自分の組織・企業にこういう未来を拓きたいとの戦略を明らかにし、それを内外の皆から見えるようにし、少しずつなりとも実現していくことが必要だ。公約をコミットするのみならず、結果責任を取る、つまりうまくいかない時にはきちんと責任を取る、との覚悟も要る。

加えて日々の仕事では、迅速な意思決定、客観的判断、情と理の使い分け、事業の両立て経営、外向き行事への過剰参画整理の5つが要る。

なかでも迅速な意思決定は、とくに2009年度の日立の経営改革でも緊急必須事項であった。

それまでの日立は意思決定に時間をかけ過ぎたり、様子見のため保留にしたりして、事業の発展機会や改革機会を逸していた。私は、短期間で改革を終了するためにもと、執行役会長と執行役社長を兼務することまでして、最初の1年間の改革のスピードアップをめざした。この兼務方式はほかの弊害もあるので1年間で終了にしたが、意思決定のスピードアップという流れは、日立の経営の中で定着したと思う。

客観的判断以下の4項目については、別の節で紹介したい。

企業とカメラの目

自分の企業を社外の人に説明し、理解していただくのは簡単ではない。自分が自分自身に対峙する時には、どうしても贔屓目に見る気持ちが入り込み、100%客観的な評価ができないことが多いからだ。

客観的な目は世に多々あるが、代表格にたとえばカメラがある。自分の顔や容姿、ゴルフやスキーのフォームを写真で見て、あっと驚いたり、文句を言ったりする人は多い。自分はこんな年寄り顔じゃないとか、こんなヘッピリ腰のスキーヤーじゃないなどと言う。しかし必ずカメラのほうが正しい。

会社も同じで、中に居る人はなかなか自分の会社を客観視できないことも多い。ウチの会社の評価は低過ぎるとか、株価がこんなに低いのはおかしい、などと言う。トップである社長がそれを言っている場合も多い。でも本当は、外から眺めるほうがむしろ全貌を把握できることが多いのだ。

私は、グループ会社に出向していた時のほうが、客観的に親会社の分析ができていた気がしている。海外に出ている日本人が、日本にずっと居る日本人よりも日本を客観的に分析でき、あるべき姿を指摘できるのと同じである。外から眺めた経験は、親会社に戻って改革を実施するにあたり、大いに役立った。

企業の評価の際、カメラの目の役割をするものの1つは、年金資金などの運用をする機関投資家の目である。贔屓目なしの客観評価には、評価された企業の社内から「営業や工場や研究所を見たことがない連中が、紙の上の審査のみでこんな厳しい評価をするなんて」と恨み節が出るものだが、たいていは機関投資家が正しく、自分たちが甘いのだ。

日立改革1年目の2009年、財務状態を改善するため公募増資を行ったが、厳しいカメラの目を持った世界中の機関投資家に株式を買ってもらうのに本当に苦労した。公募増資ゆえ以前から株式を所有している株主にとっては、株式価値希薄化等の迷惑をかけているうえにまた、お願いに行くのだ。

いくつかの場所では「もう帰れ」などと言われながら、私も分担して米国やカナダを巡回した。私と会社の将来を信用して、株式を買ってくださいと説明し信用してもらうのは大変だった。

私は、この一連の巡回が終わった時点で、世界中に散らばった関係者と電話会議をして、その労をねぎらった。

「私は、世界中で発電機械などを買ってもらってきたけれど、機械には性能保証も納期保証もきちんとついている。発電効率が約束値に届かなければ補償されるし、発電期日が約束期日に遅れれば、その分も補償される。顧客には迷惑はかからない。
しかし今度の公募増資株式にはそんな補償項目はない。株式は、公募価格より下がるかもしれないし、配当だって現状より下がるかもしれないのだ。それでも投資家の皆さんは、われわれを信用し会社の将来に期待をして、株式を買ってくださった。われわれは何としてもこの信用・期待を無にせず、企業業績の回復に邁進せねばならない」
世界各地でこれを聞きながら涙していた者も居たとあとで聞いた。

当時はまだオンライン会議システムなどはなく電話会議の時代だった。しかし関係したわれわれは皆「必ず日立を復活・再生させる」という同じ思いを共有できていた。その気持ちは今日にまで継承されて結果を出していると私は考えている。

当時から今日まで、私を含めて4人の社長・CEOが担当してきたわけだが、最初の2年間で最終利益がバブル期の過去最高記録を凌駕でき、5年目で営業利益が過去最高記録を更新できた。企業全体の日々の働きの結果たる営業利益等で表現される稼ぐ力がこの11年間ほぼ増大を続け、1989年の日本のバブル収束時の利益の最高記録をずっと更新し続けている。

ただ、次なる企業発展を考えたM&Aや新事業育成や事業整理等々への費用、すなわちCX費用なども差し引いた最終利益となると、必ずしも右肩上がりとはなっておらず、それが株式時価総額の横ばいにつながってしまっている。企業発展を考えた対策が奏功して、時価総額が右上がりになり、世界市場レベルになる日を愉しみに待つ、という現在状況だ。

社長・CEOは後継者たちを育て、その人たちが立派な経営をして初めて仕事が終わる、と言われているが、私たち4代は今その最中に居ると言えよう。

日本の企業統治

日本でも企業統治（コーポレートガバナンス）の認識は深まりつつあるが、実態はまだ極めて不十分だ。社外取締役を入れて法令等遵守（コンプライアンス）をしっかりやるという出発点すらまだまだだ。

自動車メーカーで、外から迎え入れた社長・CEOが会社のカネの不正流用を行ったが、それを社内でも取締役会でも摘出できず、混乱が深まった事例などが出ている。執行側トップである社長・CEOが、監督側トップたる取締役会長を兼務しているという体制の不備も一因だが、当人たちにも企業全体に企業統治の基本を遵守するという意思がない。同じような事例は電力会社でも、また、大手電機メーカーでも出ており、ほかにも枚挙に暇がないほどだ。

しかも法令等遵守は企業統治のうちのイロハのイである。本来目的としての「企業を中長期的に持続的に成長させること」に至っては、この目的に適った企業が全上場企業約3700社の中で少数派であることが、日本の最も大きな問題なのだ。

企業においては、まず取締役会が企業の存続・成長にかかわる重要な意思決定を明確にしておく。それに基づいて革新的な社長・CEOが最大限アクセルを踏む。これが大前提で、その次に取締役会が経営陣とくにトップを監督しモニタリングするというのが企業統治の重要眼目になっているのだ。

日本ではアクセルを踏む経営者が少数派であるところが問題であるのに、そこに焦点が集まらずに、それ以前の法令等遵守が不備だというところでとどまって、不遵守にどういうブレーキを掛けるか、という話ばかりになるというのは本当に情けないことだ。

企業統治が進んでいる企業においては、業務執行は社長・CEO以下の執行部がどんどん決定し、実行することになり、その代わり執行部の結果責任を取締役会が問う形となる。取締役会は実行にかかわっていないことから、結果責任追及は容赦なくできる仕組みになっているのだ。

企業の命運をかける重要な意思決定は「あれか、これか」の鮮明な決断にならざるをえず、執行部にとっては曖昧さの少ない厳しい中身となることも少なくない。従来のいわゆる日本的経営とは異なる決断に執行部としてはたじろぐ場合も出てくる。しかし取締役会としても、そこで空気に流されて迂闊な判断をしたら、あとになって株主代表訴訟とか株主総会を含む投資家説明会で追及されるのだから「ダメなものはダメ」となるのである。

取締役会では社外取締役によるチェックがとくに大切である。企業の複雑なステークホルダーの見解を取締役会での議論の中に持ち込んで、社内論理のみによらない解、部分最適解ではない全体最適解を導き出すのが重要であるからだ。


取締役会の役割にもう1つ付け加わるのは、社長・CEO等の選任、解任、さらにその育成に関係する業務である。取締役会はその下部機構の指名委員会を中心に、社長・CEO等の選任・解任を行うのである。

企業が持続的な成長をして企業価値が向上しているかの指標には、たとえば株式時価総額がある。ただ、これはまだ近似指標である。ヒト・モノ・カネ・情報の4要素のうちのカネにやや重点を置き過ぎた産業資本主義時代の評価と言ってもよい。

ポストコロナ時代、そしてカーボンニュートラルなど地球環境の回復を全世界的に希求する時代、すなわち次世代資本主義時代においては、これらにESG（環境・社会・ガバナンス）や社員（ヒト）の人的価値の分などを付け加えて将来的な価値評価ができるものと考えられる。

その企業価値が中長期的に増加しない兆しが見えたり、社長の働く意欲減少となってきたりした時には、取締役会は社長解任および次期社長選任の検討に入る。海外に多いが、社長が働き過ぎ人間でそれにより社内が荒廃してきた時も同様である。

まだ影響力を行使したい経営者ＯＢや、後継指名権を維持して求心力を残したい現社長などが決定者になるのではなく、社外取締役を含む取締役会と指名委員会が次期社長等選任の当事者になることは、日本の企業が従来の日本的経営から脱却するための重要な第一歩となるだろう。ＥＳＧ時代のＧ＝ガバナンスとは、企業においてはこういうところから出発する。

企業を囲むステークホルダー

資本主義は1776年刊行のアダム・スミスの『国富論』から出発した考え方で、市場経済を重視し、生産手段を所有した個人が自由に競争することが大切とされた。第1段階は資本が労働より重視された時代、第2は資本家よりも労働者の権利擁護に向かう時期、第3はレーガン大統領・サッチャー首相の頃で、政府より市場のほうが正しい資源配分をすると考える時代にあって資本家の短期利益が重視された。

2000年代に入りグローバル資本主義が隆盛になった時代、そして今後のポストコロナでは第4段階に入り、資本（カネ）ではなく、労働者（ヒト）こそが付加価値の源泉となると考える新たな時代になるだろう。ここで付加価値とは、ある期間の企業の売上高から仕入れ高を差し引いたもので、企業がその間に創出した富であり、これの大部分が社会に還元され、社会の発展の原動力となることは先に述べた。
たしかに最近のマイナス金利に見られる如く、世はカネ余りであり、カネの価値は低下している。単純労働の多くがＡＩに置き換えられ、今後の企業の付加価値の源泉はヒトの創造性、価値判断力、対人関係能力などにかかってくるであろう。

こういう背景の中で米国から、株主第一の株主資本主義を見直し、多様なステークホルダーにバランスよく配慮することで成長や効率性ばかりではなく、分配や格差にも配慮した持続可能性の高い経営で中長期の企業価値を高めうる、との「ステークホルダー資本主義」の考え方が登場してきた。
日本にはかねてこれに近い考え方があり、その所為《せい》で日本企業の稼ぐ力はスポイルされているとも言われたりしたものだったが、ここにきてグローバル株主資本主義の総本山である米国から言い出したのには驚かされる。やはりそれだけ社会の分配の不適正、格差の拡大は大きな社会問題になってしまっているのだ。

そこで改めて、ステークホルダーを書き出してみる。従業員・その家族、顧客、材料・部品等の供給元、競合企業、投資家（株主）、メディア、将来世代。そして社会的共通資本（地球・自然環境、社会インフラ、制度資本）だ。

これら多様なステークホルダーが、企業との対話を通じて持続可能性の高い価値を創造し、企業がそれを社会に提供する。そのことが新しいステークホルダー資本主義の姿となるはずだ。その中で中核的役割を果たすであろうものがＥＳＧで、その個別項目が、すでにＳＤＧｓすなわち２０１６年から２０３０年までの「持続可能な開発目標」として、２０１５年の国連サミットで採択されている。

具体的には「貧困をなくそう」「飢餓をゼロに」「すべての人に健康と福祉を」「質の高い教育をみんなに」「ジェンダー平等を実現しよう」「安全な水とトイレを世界中に」「エネルギーをみんなに　そしてクリーンに」「働きがいも経済成長も」「産業と技術革新の基盤をつくろう」「人や国の不平等をなくそう」「住み続けられるまちづくりを」「つくる責任つかう責任」「気候変動に具体的な対策を」「海の豊かさを守ろう」「陸の豊かさも守ろう」「平和と公正をすべての人に」「パートナーシップで目標を達成しよう」という17のゴールと１６９のターゲットから構成されている。

こうしたゴールやターゲットは必ずしも企業のみを想定して作成されたものばかりではなく、もっと広範な組織体を想定しているのだろう。しかし企業としても大切なゴールがすべて含まれており、ステークホルダーとの共生を考える時の基本形たる目標《ゴール》であると思える。

パートナーシップに関する項目も含まれているから、これらのゴールは数多くの企業体や公共体が共同で取り組んだり、国際的な運動になったりするものも多いだろう。地球の自然を守るというゴールも喫緊のテーマである以上、こういう広範なパートナーシップは必然のものとなろう。

情より理をとれ

漱石の『草枕』の冒頭に「山路を登りながら、こう考えた。智に働けば角が立つ。情に棹させば流される。意地を通せば窮屈だ。とかくに人の世は住みにくい」とある。

理智だけで割り切っていると他人と衝突するし、他人の感情を気遣っていると自分の足をすくわれる、ということだ。

漱石の言葉は、1900年代初めのリーダー層の人々が意思決定をする時に常に感じていた「理智の世界と情緒の世界とのぶつかりあい」や、そのどちらかに固執した時の窮屈さを表現していると思う。当時も両者のバランスをどう取るかが大きな課題だったが、それは今日の日本の一般社会においてもほぼ続いている長い課題だ。

何かを決めるには議論が欠かせない。世の中に議論のテーマは山のようにあるが、勇気を持って、理性を持って議論を繰り返し、よりよい答えを皆で見出し、それを社会実装する。不備な点が出るたびに勇気を持って理性を持って議論を繰り返して修正を繰り返すのが正しい道だ。

議論においては、情緒が大きな罠である。議論の手前で心の感じ方を持ち込まれると答えは出にくい。もともと日本人は情緒的正しさを求め過ぎる。入り口で情緒的になっている場合が多い。議論の目的は、情緒を抑え理性にしたがって話し合い、それぞれが自分の思考に磨きをかけ、自分の思い込みや固定観念に気がついた人は修正し、より正しいと思われる方向を打ち出すことにある。

議論の目的がわからぬ人も居る。自分の意見は決して曲げないと決めている人とか、怒りまくって他人攻撃に走る人とか、相手をやり込めようと必死になる人とか、そして、情緒に走り過ぎる人とかである。


ただ最近は、企業など組織体の経営において、「情に棹さして流される」ことは厳に慎まれるべき、とされるようになってきた。企業経営においては合理性とくに経済合理性に基づいた経営判断を行うことを尊び「大事は理、小事は情」を戒めの言葉として、とくに経営の要たる社長・CEOとしてはそれができる人を選ぶという例が多い。

大事というのはたとえば、社運を懸けて大事業を起こすとか大改革を断行するとかを意味する。大事を行う時には、情緒的・日本的な判断によるのではなく、理性的・合理的に行うべき、というのが先の戒めの意味するところである。

国や企業の存立が危うくなるのは、国民や企業人が、楽をして厳しい道の選択を避けたり、後回しにしたりする時だ。それがわかっているのに、国でも企業でも「大事は理」を実行した場合の国民感情や従業員を含むステークホルダー内部での軋轢を恐れて、大事を自分の任期外へと後送りにする例が多く見られる。非常に残念なことである。「小事は情」でもよろしい時が多いが、大事は理でなければならず、悪化兆候がはっきり見える以前でも、素早く合理的に処置しなければならない。

国家経営者は、大事、たとえば、将来の地球破壊につながるような温暖化、気候異変、水不足、食料不足、人口爆発、エネルギー不足といった課題に対しては、先進国—途上国間の利害調整をしながらも、国際的な意思決定機関を作って全地球的な課題解決を図らなければならない。
企業経営者は常に、企業の破滅を避け新たな発展に導くために、既存事業を継続事業と遠ざける事業と峻別し、遠ざける事業から出現してきた新たな経営資源を有効活用して新規事業を立ち上げるといういわゆる「両立ての経営」を行う必要がある。その際、ヒト・モノ・カネ・情報という経営資源の大移動が必要となるところで問題が生じる。ヒトの仕事の中身を変更し、住む場所も変え、そのための教育もやり直すというような問題のことである。

もっと問題が大きいのは、事業売却などの例である。この場合に、自分が所属していた企業のほうにつくか、事業のほうを尊重して他社のほうに行くか、悩む人も多く出てくる。企業に愛着心を持ち、それを江戸時代の旧藩の如くに考えている人々はまだ多いのだ。外国の例の如く、専門職としての自分の職種に愛着と信念を持ち、それが継続できる方向ならば他社に移るのも可という判断をする人は日本ではまだ少数派である。

仕事上で意思決定をする時には「大事は理、小事は情」を判断基準とするのは、やむをえないことだ。ただ、合理性を尊ぶ仕事の中での出来事ではあるものの、人間同士のやりとりの中に人生の機微に触れる瞬間を感じた経験が私には何回もある。そういう機会には、理智も情緒もどちらも必要で、バランスよく使い分け、となって冒頭の『草枕』に戻ることになる。とかくに人の世は難しい。

改革にはスピードと尖りが大切

私が「沈む巨艦　日立」に戻った2009年春にまずすべきことの1つ目は集中すべき事業と遠ざけるべき事業の選別、すなわち事業ポートフォリオの淘汰選別であったが、2つ目は「日立時間」の短縮だった。

日立製作所本体の意思決定および実行には、とにかく時間がかかっていた。日立グループ連結で人数32万人という大組織なので、一部門で赤字を出しても全体への影響は少なく、改革案もすぐには出ないし、出てもあちこちから反論も出て話が進まないという事情もあった。決めるのを先送りしようという決定自体を何時間も話し合って決めるというありさまだったのだ。

誤解を恐れずに言えば、たいていの改革はスピードさえあれば何とかなるものが多い。

もし改革の方向性に誤りがあった時でも、早い段階で修正が利き、結果がよいものになるのだ。何も行動を起こさないで議論だけ重ねるよりも、行動を起こし、進めながら必要な修正を加えるほうがよい結果が得られるものだ。「早く進め、早く間違えて、早く直す」というのがスピード時代・DX時代のやり方だ。

どんな改革でも、必ず抵抗勢力や反対勢力は出てくる。大きな改革は、必ず痛みを伴うことが多い。企業風土が現状維持型である場合には、組織に痛みを与える改革にはとくに抵抗が大きいのだ。その事業を創業したり拡大したりした功労者で、もう引退した大先輩が現れて、俺の苦労の成果をぶち壊すのか、と脅すなどということから始まって、いろいろな勢力が既存事業への大改革を阻止するために立ち上がる。
その時は、社長・CEO自身が「この事業の競争環境は世界的に往年とはまったく異なる厳しいものになっており、この事業を社内に残すという部分最適案を選択すると、日立の全体最適方向性を阻害するものになる」と説明をして、丁重にお引き取りを願うというようなことまで発生したりする。

意思決定方法も企業のスピード観点から考えてかなり変えた。改革1年度はとくにスピードが重要であり、大きな意思決定をする人数を6人に絞ったのだ。それまでは13人の執行役による経営会議で意思決定をしていたのを、社長と副社長5人のみに絞った。しかも社長は会長を兼務してまで人数絞りをした。

大人数の会議では、意思決定に時間がかかるうえに、提案の尖った部分はすべて削り取られ、誰からの了承ももらえる丸いものになりがちだ。スピード重視でかつ尖った提案が改革には必須であった。

ただ、1年目の結果で業績改善の方向性が見えてきたので、会長制を復活して企業の営業・渉外業務の強化を図るとか、意思決定者人数を7人に増やすなどの微修正をした。

2年経過後に最終利益は過去最高値にまで回復したし、5年経過後に営業利益は会社史上最高値に届いたので、日立の改革は当初の成果が得られたと考えている。

楽な道はどこにもない

国や企業が衰退する原因にはいろいろある。案外多いのは自己満足に陥る例であろう。いくつかの成功を重ねたあと、自己満足状態に陥り、過去の継続・現状維持・組織の防衛等が本来業務と本気で思い込み、世の中の変化に対応できずに没落する。歴史ある大企業でも案外多い。

激動する世の中で生き残るのは、強い者でもなく、賢い者でもなく、変化に適応するスピードの速い者なのである。これはダーウィンの進化論の教えるところと巷間で言われるが、実際はそうではないようだ。しかし、国や企業の盛衰に関しては正しい見方であり、意思決定および実行におけるスピード不足は企業にとって致命的なのだ。企業を囲む最近の世界情勢の変化は、そのくらい速くかつ激しいのである。

自己満足状態の企業では、過去の成功商品や成功サービスに固執し、世界中の潜在顧客・潜在需要を新しく発掘しようとしない。市場リスクなどバリューチェーンリスクへの対応も鈍い。果ては現在の商品・サービスに対する信頼性維持作業も怠りがちになる。スピード感を持って辛い厳しい仕事をすることを避けて通りがちになり、かつそれが歴史ある企業の本来形だと社内で正当化されてしまうことも多い。

このように楽な道を選び、しかもそれが企業の正しい道だと企業内部が思い込むようになったら、何としてもそれを正さなければならない。まさに社長・CEOの出番である。楽な道ではなく、辛い厳しい道が正道だと社長が説明をし、納得させ、実行させねばならない。もしそれができない社長の時には、企業業績は沈下の一途となり、監督機関たる取締役会が社長交代を実行するという道筋になる。

国や企業などの存立が危うくなるのは、国民や企業人が楽をして、厳しい道程を避けたり、先送りをしたりする時なのだ。

日立の創業者も、これを戒めて後輩たちに3つの言葉を残した。

1つ目は、現状をただ続けるという楽な道のみを選ばずに、厳しい道をも追加して未来を拓こうという「開拓者精神」である。米国建国時のフロンティア精神と同じである。

2つ目は、集団としてのベクトル合わせが大切ということで「和」だ。これは単なる付和雷同の和にならぬよう厳しい議論の果ての意思統合をせよ、という注釈がついている。

3つ目は、1と2のベースとなる「誠」であり、企業の構成員たる個々人は高潔、正直、誠実たるべし、というもの。

奇しくも世界の有力企業、たとえば米国GE（ゼネラル・エレクトリック）社の憲章でも、またスポーツ界のたとえばワールドラグビーの憲章などにもほぼ同様の3つの言葉が掲げられているのは、うれしいことだ。戦って勝つことが必要な企業の世界やスポーツ界では必要な心構えは同じなのだ。

日立もベンチャー企業だった

「俺が日立鉱山を去って、あの小さな丸太小屋式工場に立て籠《こ》もるというについては、君ら青年にはわかりにくかろうが、相当な決心がある」

1910年、電気機械事業をベンチャー企業として始める覚悟を固めた小平浪平が、部下を勧誘した際の言葉が記録として残っている。

当時小平は36歳。久原鉱業所日立鉱山の鉱山工作課長だったが、当時の多くの日本企業の欧米技術依存とはまったく異なり、自主国産技術に執着していた。小平の自主独立の精神は、久原鉱業所日立鉱山オーナーだった久原房之助の支援を呼び込み、今で言うスピンオフ（事業の分離・独立）形の独立へつながった。小平たちは国産初の5馬力電動機3台を自主開発し、この自主開発が「技術の日立」のDNAとなった。

丸太小屋式工場とは小平が拠点にしていた鉱山工作課の修理工場のことで、現在は「創業小屋」と称し、日立市大みか地区に復元され保存されている。この復元創業小屋は見学者の人気が高く、とくに国外の人々に感心される。ヒューレット・パッカード社の創業ガレージなどからの連想によるものなのだろう。２０２０年にＡＢＢ社（スイス）のパワーグリッド事業部門を日立が買収したことに伴い、同社の人々の視察も多い。ＡＢＢ社も同業の銅鉱山向けの電気機械補修から出発しており、創業小屋を見ながらの会話で両関係者は感無量という状況だったようだ。創業社長の小平浪平は、その後日立の発展を牽引し、１９４７年まで37年間社長職を務めた。

ベンチャー企業日立が発足してから約１００年後の２００９年に会長兼社長（社長として9代目）として急遽経営の舵を握った私は、「創業時の開拓者精神に立ち返ろう」と社内で語りかけ、社外にも小平社長のことをいろいろ話した。
当時の日立社内には現状維持意識が充満し、課題先送りにより「沈む巨艦」状態に陥っていたのだ。創業の精神のうちとくに開拓者精神をフルに発揮して、リスクを取りながら新規事業に取り組むとともに、既存事業の取捨選択をきちんと行う必要があった。

創業社長は、創業事業の中でも「徒弟養成所」によって技能者の人材育成を図ったことが特筆される。電機メーカーの技術者の仕事は地味だ。納品した発電機などが故障や不具合を起こせば、夜中に機械を止めてもらい、中に潜り込んで原因を突き止めるため何時間も費やす。お客さんには怒られ、原因を突き止めて回復するまで何十回も現場に出張したりすることもある。辛くてみじめな気持ちにもなるが、若い時にこれらの地味な仕事をコツコツと積み重ねた者の中で、ある瞬間に何かを摑み、その後は飛躍的によい仕事ができるようになる者が出る。「能力の覚醒」とでも言うべき現象。社内でそういう例をいくつも見てきた私は、小平浪平スピリットが今なお日立に息づいているのを感じている。

誠、和と開拓者精神。このうち個人の誠と集団の和に関しては、よく伝承されている。リスクを図りながら新規事業や新規プロセスに対応していく開拓者精神の発揚がやはり一番難しい。企業やステークホルダーのあちこちに痛みのある改革を迫ることが必要で、経営に躊躇が出るとできなくなるからである。ベンチャーとしての創業から100年以上も経過し、大会社となった頃には特にこの創業精神に立ち返ることが重要なのだ。ここでは、企業の舵取りである執行役社長・CEOによる奮励努力の経営が必須となる。

第3章

働き方の哲学

世界のGDPに占めるシェアで見ると、日本経済は1988年には16％に達し、米国（28％）に次ぐ世界第2位になっていた。

その後の日本のバブル崩壊、また世界金融危機（リーマンショック）等によりこの30年間にシェアは低下し、2018年には米国（24％）と中国（16％）に次ぐ3位（6％）となってしまった。


日本経済が低迷する主な原因は、労働生産性の低迷に伴う国際競争力の低下、そして、国民の将来不安を背景とする個人消費の低迷の進展にある。2つの問題は根底を辿ると、日本の労働市場の機能不全問題に行き着く。

安定的なメンバーシップ型正社員と不安定な非正規労働者という極端に2極化した雇用

システムや、解雇に対する硬直的な規制などのために、職場に柔軟性がなく、仕事が集中して働き過ぎの人と、有効な仕事のできないぶら下がり人間とが併存するという不完全な職場が多発してしまうのだ。

正社員は、終身雇用・年功序列制度によって事実上の雇用保障が与えられているところが問題だ。ジェネラリスト志向の育成法のために確固たる専門性が身につかない人が増えたり、逆に狭い分野の専門職に長期に閉じこもる人が放置されたりする。海外ならば解雇して職場を流動化し、新陳代謝するところだが、日本ではできないのだ。

日本企業では案外、人材の有効活用ができず、「人は余っているのに人は足りない」という企業内失業と人手不足との併存状態になることも多い。いわゆるできる人に仕事が集中し、過剰労働が深刻化する事態があとを絶たない。これでは生産性の向上もおぼつかなくなりやすい。

非正規労働者のほうは、職業訓練不十分で専門性向上ができにくいし、将来不安から結婚もままならない人も少なくない。「同一労働同一賃金の原則」の中身が掛け声倒れだとの不満も多い。やはり、非正規雇用型労働者への改革もすぐに必要だ。正規雇用とアルバイトに分離するのだ。正規雇用の中も労働時間や働き方、働く場所（国内、海外）によっていくつものタイプを用意するとともに、正規雇用者の解雇規定を含むべきだ。

新規採用にも経験者採用に対しても、改革が要る。終身雇用・年功序列の人事・賃金制度に大幅な改定を加えることを含めた採用契約とすべきである。あわせて、もうすでに企業内で働いている人にも勤続年数に応じて人事・報酬制度の改革を行う時期にきていると考える。

日本人就業者数は２０３０年までに約６００万人減少する。現状より多くの高齢者や女性の新たな就業を考え、かつ、一定の生産性向上を考慮に入れて、やっと日本経済を現状規模程度に維持できる、という計算になりそうなのだ。


ポストコロナ時代の産業構造の激変を考慮すると、解雇規制の改革を通じて、労働市場の本格的流動化を図るという激動の時代になるだろう。その中で比較的景気がよい時期を選んで、日本全体での生産性を上げるという観点から、労働者の適材適所配置のための移動を行うのはどうだろうか。

この時期を利用して、大企業は企業内失業を解消し、中堅・中小企業では、中で長年にわたり過剰に政策保護されてきた衰退産業群を市場から円滑に退出させて、生産性の回復により日本経済全体の底上げとネットワーク化を行うのだ。

ここで言うネットワーク化とは、「中央集権型システムの構築」「都市への集中」「密度の向上」をめざしてきた日本が初めて「分散型ネットワークへの移行」をめざすことを意味する。「地方への分散」「密度の低下」「真のワークライフバランス」と言ってもいい。テレワークによって距離感の縮まった大都市と地方の企業・公共機関での分散型ネットワークの実稼働に期待がかかる。


遠い将来のことは別にして、2030年頃までの近未来においては経済規模GDPを計画的に縮小するという選択肢を日本国民は採らないのではないかという気がする。今の人々は、昨日より今日の生活レベルが下がってもよいという選択はしないだろう。その場合、一連の生産性向上施策と分散型ネットワーク化、さらに企業の新陳代謝などはGDP保持に大きな効果を挙げるだろう。

ただそれ以降になると人口減少が拡大するから、多少の高学歴移民導入を図るとしても、経済規模の縮小とならざるをえまい。日本人口をピーク時1億2600万人、敗戦直後の7200万人、そして江戸末期の3300万人との間でどの位のところに維持するかが大きな検討課題になるだろう。国民的議論が湧き起こると思う。

小さなラストマン

若い人たちは、企業人として働き始めてどんな感想を持っているだろうか。毎日の仕事は些事で繰り返しも多くてつまらない、今はただ大きい組織の中の歯車みたいなものだからもう少し続けてみよう、全貌がなにがしか見えてくるとおもしろいのかも……という人も多いと思う。

そうなのだ。今つまらないと思っていても、少し様子を見ていたほうがいい。もしかしたら、もうじき小集団のプロジェクト活動へ参画する機会を上長が作ってくれるかもしれないのだ。

たとえば電力会社で、発電所の発電量増加による「稼ぐ力増強プロジェクト」を起こすとする。上長は「水力発電所の定期検査の改革などから追求してみよ」といった粗筋を示唆するのみにとどめて、実務は若い人たちの小集団が行うよう仕向けるのが常だ。場合によってはテーマそのものの考案から小集団に任せるケースも大いにありうる。

そこで、若い人たちが、これまで20年もの間、35日間と決まっていた水力発電所定期検査を25日間にしようとすると考える。

「10日間短縮した隘路事項は水車の補修加工と導水水路の補修工事だから、これを火力タービン工事や水道局からの最新技術導入で実行可能にしよう」「期間短縮により品質低下しないよう予防対策もやっておこう」という具合に討議をして、項目や分担を決めて進めていく。10日間も余計に発電ができた分の追加利益は○○億円となり全社的な貢献になる。

この過程でこの参加者たちは、自分たちで意思決定をしてそれを実行し成果を見ることの重要性と愉しさを実感する。これこそイノベーション、プロセスイノベーションだ。誰だって自分が最終意思決定者プラス実行者になるのはうれしく愉しいことだ。ましてイノベーションにかかわれるのだからなおのことだ。

考えてみれば、自分の人生にだって結婚、海外赴任、転職、子どもたちの進路等々、重要な意思決定場面は次々に訪れる。その最終意思決定は自分や家族で下すわけで、企業内のプロジェクトへの対応もまったく同じことである。大切なのは、電力会社の例のように、仕事の場面においても小集団において最終意思決定者つまり「ザ・ラストマン」になる機会を少しずつ作り、小さなラストマンを職場に増やして次第に大きなラストマンになる人が出るよう工夫することなのだ。

これは「トヨタ式カイゼン活動」の系譜だな、と感じた方も多いと思う。まさにそのとおりだ。先駆者の素晴らしい方式には感服してしたがうべきと考える。

ちなみに、東京電力でも小集団でのカイゼン活動によって「稼ぐ力」「信頼性向上」などに関する改革が続出している。発電部門（ＪＥＲＡ社）でも送配電部門でも小売り部門でも数多くの小さなザ・ラストマンを組織内に生み出せてもいる。


テーマは出張旅費精算でもよし、資材調達の価格決定でもよし、顧客層拡大の隘路打開でもよし、何でもよい。若い企業人たちが、定められたプロセスを真面目に受動的に遂行することから出発して、次第に仕事を任されるようになり、上長との間で業務遂行約束（ジョブデスクリプション）を結び、小集団での改善・改革のスタイルに持っていくことが大切だ。要は、自分たちの組織をどういう形に持っていきたいのか、どう変えていけば最適なのかを、若い人も中堅層も経営層も含めた皆で能動的に考え、実行することが大事なのだ。

組織を内部から活性化するこの方法は労働市場の流動性改革にもつながり、ポストコロナ時代の厳しい状況下での経済の再活性化の原動力ともなる。

若い企業人の皆さんは、本書の中の考え方や実行例から、ザ・ラストマンを自分の場合に当てはめて考えてみて欲しい。

人材育成に2割の時間を

組織内の人間は、部下の教育に持ち時間の2割を割けと私はよく言っていた。

1日8時間のうち1時間半、1週5営業日のうち1日、1カ月20営業日のうち4日間というのは、実務をやっている人から見てかなり多いなという印象のはず。裏を返せば、部下の教育はそれほど重要ということでもあり、1週5日のうち1日くらいはOJT（オン・ザ・ジョブ・トレーニング）に時間を割くと心を決めて、部下や同僚や関係ある他部門の人などとの話し合いをすることは自分にとっても大切だ。

これには理由がある。人に関しては、米欧中は選ぶ文化であり、日本・東南アジアは育てる文化である。企業が人を育てる文化は、時間とコストがかかる。企業の視野に限定された人間にならないように、その後の自己学習による修正も必要だ。それでもなお実務の中で人材を教育するメリットは計り知れなくて、日本企業の特徴として今後に残すべき、と私は考えている。

とはいえ、小さな組織のリーダーも部下のほうも、日々の仕事がいつも立て込んでいる。その中で人材育成までやるには、自分の持ち時間の中からあらかじめしかるべき時間を割り振っておかなければとても実現できない。そこで、私は意識的に2割を割り振るべきと言ってきたのだ。


日常業務において、部下は決められたことをマニュアルどおりに実行するのがまず第1の役割である。しかし、日常業務の中に小さな非常事態が紛れ込んでくることは多い。その時には、部下が周辺状況の変化に敏感になり、自ら主体的に考えて行動し、かつそれをリーダーに報告・進言できるように、部下を教育しておくことが大切である。

大きな非常時においてリーダーが専制型つまりトップダウン型で指揮を執らねばならないのはもちろんだが、日常の中に紛れ込んでくる非常時には小組織の小リーダー以下で主体的行動がとれるように、大リーダーが部下教育をしておくことが大切ということだ。

大組織のリーダー候補の社員たちも、自分でリーダーシップの本を読むだけではなく、上司から直にアドバイスをもらったほうが伸びるものだ。２割主義を実行すると「ポジションが上になるとこういうプロジェクトを任せられるぞ」「世界のこんな舞台で活躍できるぞ」と、将来像を示しながら部下を元気・本気・やる気に導くことができ、彼らがよいリーダーとなれるのだ。

人生は1つのプロジェクトだ

ポストコロナ時代には、企業そのものが大きな変動の中にあり、中で働く人にも大きな意識改革が要りそうだ。自分の人生キャリアを外界が変動する都度に考え直すことが必要になるだろう。企業内での自分の毎日の働きが自己実現につながるものなのかいつも考えることも必要になる。

これまでの日本型企業では、旧藩の如き終身雇用・年功序列などという定めがあって、各人の年齢に沿って比較的整然と人事が動いていった感があった。これらの制度は第2次大戦後のものではあるものの、企業の内部はまるで明治以前の旧藩のような雰囲気で運営されることも多かった。

今後は従来型の日本企業は次第に姿を消し、企業内部でもプロジェクト型業務が支配的になるし、働く人もプロフェッショナル化（専門化）してくる。それどころか業務によっては、定型業務はＡＩが担当し、非定型業務は社員専門職と非雇用型・個人就労型の専門職とで分担するといった形になるだろう。俺は資材調達の専門職、私は国際財務の専門職、さらにワシは社長など経営者専門職だという者まで出てくるかもしれない。

専門性を身につけるには、従来の雇用保障型正社員制度では不十分だったと言わざるをえない。今後は初めの雇用契約からの修正が要るし、根幹の労働法規の修正も要る。入社後すぐ、もしくは大学などで、「入り口学習」として簿記・経済・金融、外国語（英語など）、デジタル機器取り扱いなどをかなりみっちりと習得させたうえで、専門職の下に就いてのプロフェッショナル教育が要る。そして長い年月の中で、複数の専門性を身につけてもらい、優秀な者から選抜して経営層のための教育を行うということになろう。

これらの教育は自主学習を含めた生涯教育という形になる。学習とは、自身の「生産性資産」、すなわちスキル・知識を自身の専門性に合わせて習得することである。

本当の学習への努力を怠る者は、仕事のうえでの上昇機会が来ていてもそれに気づかずモノにできない。中途半端に努力する人は、機会到来には気づくが、これまでの努力不足からモノにできない。本当の努力を積んできた人は、チャンス到来を理解し、正しく動いてモノにして、上のステップでの仕事にありつく。上のステップは自社内かもしれないし、自社外つまり他社かもしれないが、とにかくそうやってステップアップするのであって、年功序列でするのではないのだ。

自分自身の考え方に合わせてステップアップを続けるのが、すなわち「働きがい」を求めての自己実現になる。このステップアップには、自身の健康とか家族とか友人などの「活力資産」も重要な働きをしてくれるし、知人とかオープンマインド的心の持ち方などの「変身資産」を普段から育てているかどうかも重要になる。

ここで人は「働きがいを求めるだけでよいのか」と考え始めるはずだ。働きがいは、社会からの評価が得られることを前提にしている。

しかし、人は人生を生きている、すなわち人生プロジェクトを生きているわけであって、社会がどう言おうが、自分だけは生涯の間にこういうことをしておきたいという考えがあってもよい。これが「生きがい」ではあるまいか。生きがいを求めるには、活力資産も変身資産もフル活用する必要がありそうだ。

第4章

引き下がる力

夕陽限りなく好し

60歳になりたての頃は、前年のハイジャック事件の影響が心に残り、自分の今後の人生の中でラストマンとして働く場面はどんなことだろうか、とときどき考えるようになった。どういう場面かは想像もつかなかったし、そんな場面はないかもしれぬとも思えてきて、あちこちの宴会の席などで、「あっという間に還暦になってしまった」と先の時間が短いことを嘆いていた。

自分ではまだ若いつもりだったが、「六十にして耳順《したが》う」という年齢になったのが、意外でもあり衝撃でもあったのだ。まだ自分は他人の言うことが素直に聞ける「耳順」という年齢になったつもりはないという気分だった。

ある財界の大物が私の嘆きを耳に挟んで、「キミィ、60歳なんて『陽はまだ中天に在り』

だ、嘆かずに大いに働き給《たま》え。ボクのように干支をもう1回回って72歳になってごらん。もう陽は西にあり、西日の人生だよ」とのたもうた。味のある感想だなと感心しながらも、その方には、「西日なんてとんでもない。ますますご活躍ください。私も元気をいただきます」と応じた。


ところがである。あっという間に私も干支をまた1回回り、72歳になってしまった。そして驚いたことにその間に、私は世界金融危機の後始末としての日立の執行役社長兼会長という再生のラストマンの仕事をやり、それに一段落をつけて、取締役会長に転進をしていたのであった。

同じような年配同士でゴルフに出かけ満開の桜に出くわしたりすると、「俺もあと何年こうやって元気に桜の花を見られるかな?」と呟く者が必ず出る。ほかの者も「そうだな」と暫時遠くを見る風情にはなるが、じきに「さあ出るか」とバッグからクラブを引き抜いてスタート準備に入る。皆まだ多少の元気が残っていて、今愉しめることは桜でもゴルフでもなんでも愉しんでおかなくては、という気持ちだったのだ。

その頃になると、自分が若い時に苦労して設計製作し納入した最新鋭の大型火力発電機

などが、役割を終えて引退する例がいくつも出てき始めた。

まだまだ動くのだからもっと使えばいいじゃないかと納入先の電力会社に尋ねると、今や効率値が低く――つまり燃費が悪くて、現在の最新鋭機に切り替えたほうが総合的に得なのです、との返事がきた。やっぱりあれだけの機械でも引退の時期がきたのだ、と我が身と引き比べて感慨があった。

周りを見渡すと、皆忙しく立ち働いている普段の光景ではあるが、自分はたしかに真っ赤な夕陽の中に居て、皆の動きを眺めているようにも思えてくる。唐詩に言うところの「夕陽限りなく好し、只是れ黄昏に近し」の風情の中に居たのだ。

そしてまた、干支もう1つ近く時は移り、今や私は80歳になってしまっている。

引退と引き下がる力

いろいろな分野を見渡して、出処進退が最もはっきりしているのはスポーツ界だろう。衰えたら誰の目にも明らかになるし、もっと残酷に数値になってはっきり表れる。会社の中でも、たとえば、都市対抗野球大会などでの働きで評価される野球部員は数値で厳しくチェックされる代表例の1つだ。

芸術家の世界でもまったく同じだ。腕が衰えたロシアの某ピアニストの晩年の演奏会はみじめで、晩節を汚したと言われた。本人がわからない時は、周りで助言してやらねばならない。人間はもともと、自分の実質がわからないものだ。自分がまだ世の中から必要とされていると思いたがるし、またそういう追従を言う人々が周りにいたりするので、判断を間違えたり遅れたりする。男も女も引き際が肝心というのは、何も恋愛に限った話だけではない。

経済界でも、会長・社長からの引退はなかなか難しい決断が要る。後継者の育成に遅れて辞められないとか、権力の魔力に目覚めてしまい社長のイスにしがみついて顰蹙を買っている例とか、引退したのにいつまでも経営執行に内部干渉するとか、名誉欲・金銭欲の中で朽ち果てるような好ましからざる例も散見される。やはり取締役会とか指名委員会とかが、社内外の見解を取りまとめたうえで、きちんと会長・社長の肩を叩いて、出処進退につき方向付けができる指名委員会方式のガバナンスが最も優れていると思われる。

創業者がまだ陣頭指揮している会社では、やや事情が違うが、会社が安定成長時期に入っている場合には、自分の役割を果たしたと思ったらサッと退き、次の人の活躍の場を作るのがリーダーの役目だ。安定成長期にはなおさら新陳代謝が必要なのであり、前の人がやれなかったところを次の人が補って企業は本当の成長を続けるのだから。

日立での私の場合、最後は取締役会長だったが、それは経営執行の日々の舵取り役の執行役社長を監督・監査する役割だから、本来は社長のような激務ではない。往復の飛行機の中で機中泊するような0泊3日の海外出張をこなして東京へ戻り、その日のうちに企業買収といった重大な意思決定をするという社長のような役割は免除されている。ただ、社長から上がっていった取締役会長の場合は、日立の例のように、ある程度の執行役的業務を代行する必要が出てきうる。

したがって、私の場合は、私自身の体力と判断力を考え、75歳を上限とすると自分で考え、取締役会として任期を決めてもらった。会長の監督範囲の中には、会社の舵取りたる執行役社長の任命・解任の株主総会への提案が含まれている。この部分はとくに健全な判断力が必要と考え、自分の場合は75歳としたのだ。ここは個人差の大きい分野ゆえ、人により差が出てくるところだが、「企業吏に社会を悪くするのは、青年の失敗ではない、老人の跋扈《ばっこ》だ」という意見（明治の住友財閥の経営者、伊庭貞剛の言葉）は、傾聴に値すると思ってもいるのでそうした。

ラストマンになる時は、引き受ける力を自身内部に確認してから引き受ける。引退する時も、たとえ周りから引き留められたとしても、自分で「引き下がる力（意思）」を確認してから引き下がる。ラストマンこそラストが大切とも言える。

引き下がる力が必要なのは、引退する時ばかりではない。栄誉を提示されてそれを辞退する時にも必要となる。たとえば勲章や名誉職などである。栄誉渇望者が巷間に溢れている今日だが、栄誉を回避しようとする者も少数派だが存在する。栄誉を受ける人は何かしらの業績があったのだろうが、無数の選ばれなかった人々に比してより優れていたと言えるかどうかは疑わしいことも多いのだ。

ソ連のパステルナークは１９５８年にノーベル文学賞を授与されたが辞退した。彼は名誉欲に恬淡な人柄で、「有名になることは醜いことだ　これは人間を高めはしない……創造の目的は献身にあり　評判でもなく　成功でもない」「無名のなかにひたり　そのなかにおのが歩みを隠す」と詩の中で詠っている。日本でも松永安左エ門ほか叙勲を強く辞退した企業人は多いが、ほとんどすべては政府の強い要請により最後は受ける形となってきた。


人間には、金・地位・権力・名誉・性など数々の欲望があり、それは健康のしるしでもあるわけで、何らかの意味で人間の生命力を支える役割をしている。しかし、欲望追求に人生の目的を置いてはいない人に、政府が名誉欲の象徴のような勲章を強要するというのはやはり行き過ぎであろう。

学界人や芸術家や企業人その他、名誉欲のために仕事をしているわけではない人が多少はいるのだから。つまり、「やりがい」や「生きがい」のために仕事をしているのだから、そういう人には辞退を認めるべきであろう。「あなたが引き受けないと貴社の次世代の人々が困ります」などと脅迫をしないほうがよいと思う。

孤独と帰属

組織に帰属することを止《や》めると、まず感ずるのは孤独感だろう。社名を外し、肩書や役職から離れ、仕事とその仲間から離れ、今日行くところがないというのは、覚悟してそうなってはみても、なかなか厳しいものである。

現に私も退職後に、役所への書類の中に「無職」と記入することがすぐにパッとはできずに、暫《しば》し躊躇したりした。何かしっかりしたものに帰属していないと、組織の一員だった者は心細く不安なのだ。

そうなると頼るのはやはりまずは伴侶、つまり妻あるいは夫であろう。加えて、この人だけは私のことを無条件に親身になって考えてくれる人という意味で、親友でももちろんよい。

「君子の交わりは淡きこと水の如し、小人の交わりは甘きこと醴（甘酒）の如し。君子は淡くして以って親しみ、小人は甘くして以って絶つ」（荘子）というような「君子の交わり」を持っている人ならば、そこに出かけてお喋りをするところから始めて共同作業を探すのもよい。

いずれにしても、ようやく巡りきた十分な「可処分時間」を持っている人生時季なのだ。私はまずは自分の愉しみ、すなわち自分の個人的な「生きがい」を十分に愉しもうと思っている。

しかしいずれは一念発起して、人や社会のために尽くし、毎日を利他の精神で過ごすという日野原重明先生のような「人生の生きがい」の追求の方向もありうると思っている。そうしているうちに、生きがい探しがさらに高められ、自分のことばかりではなく、ほかの人、とくに苦悩や悲しみの中にある人などの相談相手になってその人に生きがいを与えられるようにもしなれれば、万々歳である。

1人で居る時間を上手に主体的に使う方法を身につけることも大切だ。老年以外でも、病気・広範な感染症の流行あるいは特殊な境遇などによって1人で居ることを強いられることも少なくないはず。もし読書の習慣が身についているならば、居ながらにして心は、たとえば宇宙を駆け巡り、精神の成長を続けることができる。学生時代のように行き当たりばったりの乱読よりは、何かのテーマについての系統だった読書の積み重ねがよかろう。ものを書きためたり、何かを作ったりすることにつながるかもしれない。

自分一人で豊かな時間が持てるようになれば、孤独な日常が主体性を持った日々に変わってくる。すべて人は根本的に孤独である。孤独や余暇をマイナスとせずにプラスの意味を与えうれば、人間にとってずいぶん大きな意味のあることとなるはずだ。

諸縁を放下すべき時なり

私は、働き蜂の時期を終え、完全に隠遁する前に、働き人の象徴たる俗世と仙人の隠棲する森とを往来しながら暮らそうと考えてきた。

多分、気の進まぬことはやらぬだけ、などとうそぶくことも許されるだろう。兼好法師のように「日暮れ塗遠《みち》し。吾が生、既に蹉蛇《さだ》たり。諸縁を放下《ほうげ》すべき時なり。信をも守らじ。礼儀をも思わじ」と言って、俗世との付き合いを自分の考えだけで裁量できたらどんなにかうれしいことだろう。「人間の儀式、いずれの事か去り難からぬ。世俗の黙し難きにしたがいて、これを必ずとせば、願いも多く、身も苦しく、心の暇もなく、一生は雑事の小節にさえられて、空しく暮れなん」となるのは目に見えているのだから。

「六十にして耳順《したが》う。七十にして己の欲する所にしたがいて矩《のり》を踰《こ》えず」という孔子の言葉も魅力的だ。70歳以前では、自分のやりたいようにやると、どうしてもやり過ぎてしまい、他人に迷惑をかけることが出てくる。だが、70歳以降ならば大丈夫だ、と言うのだ。人間が練れてくるという前提ではあろうが、自分の思うように振る舞ってもよい、気に染まぬことはやらなくともよい、とも解釈できて誠にうれしいことだ。
孔子は75歳で逝かれたから、この先の言葉はないが、私ならば「八十にして一俗六仙」そして次は「九十にして、人間本来無一物」と置きたい。80歳では、まだ少しは俗世間との往来はあるが、90歳ともなるとまったく没交渉でも罰は当たるまい。まあ90歳と欲張るのもいかがなものか、と思いながら……。

ここで、田中冬二詩集『青い夜道』の中の詩を1つ引く。黒部の山奥の「屋根上に石の重しを乗せた山の湯・黒薙温泉」で詠んだ冬二の詩である。

「くずの花」

ぢぢいと　ばばあが
だまつて　湯にはひつてゐる

山の湯のくずの花
山の湯のくずの花

この詩は、くずの花が咲いてもう秋風の山の湯に浸かりながら、老いさらばえた老夫婦が越し方などを想う静かな瞑想の詩だ。

老夫婦の姿もすっかり山の風景の1つになりきっている。前景の秋の山の湯の佇まいとか、飛んできた虻をじいさんが濡れた手拭いでばあさんのために追い払うという出来事とかが、詩の中では皆省略されている。4行に制約するのに半年を要したと詩人自身が作注に記しているほどだ。

90歳台があるとすればこういう形かなと想像したりしている。

老人は気急なり

私は、高齢の69歳で日立の執行役会長兼社長・CEOの職についたので、とくに老人特有の性急な意思決定をしないように心掛けた。ただ、経営危機は厳しく、実際にはあまり時間的余裕はない状況だったので、心掛けどおりにはいかなかった場合も多かった。

幕末の儒学者に佐藤一斎（1772〜1859）が居る。私は、『言志四録』などに示された一斎の考え方に深く共鳴してきた。同書の考え方は孔子孟子の教えをベースにしたものだが、幕末の擾乱の中にある人々の生き方とか考え方の指南書のようなものだ。私は簡潔明快な表現が好きで、擾乱の現代につながる人生の書あるいは仕事の書とも言えるものだと考えている。

日立を率いた時も、『言志四録』にある「耋録《てつろく》」の言葉を噛み締めながら仕事をしたつもりなので、そのいくつかを紹介したい。
《耋録#160》人に訓戒する時の言葉。
人を訓戒する時、語は簡明なるを要し、切当なるを要す。疾言する勿《なか》れ、詈辱する勿れ
《耋録#300》老人の気急への戒め。
老人は気急なり。事、速成を好む。自重する能わず。含蓄する能わず。又妄《みだ》りに人言を信じて、その虚実を察する能わず。いましめざる可けんや
《耋録#296》老人の仕事は午前中に!
老人に就《つ》きて事を謀らんと欲せば、宜しく午中前後に在るべし。昏暮に至れば、則ち思慮錯《あやま》り易し
《耋録#299》老人の記憶に錯誤多し。
老人は数年前の事に於いて、往々錯記誤認有り。今漫《みだり》に人に語らば、少差を免れず。或

いは、障碍《しょうがい》をなさむ。慎まざるべからず
《耋録＃302》老人の譲歩が大切。
老人は尤もそん譲（へりくだり譲ること）を要す
《耋録＃297》修養の老人のみよろしい。
極老の人は思慮昏瞶《こんかい》す。たとえばなほ水影、物倒《さかさま》となり、舟行、岸動くがごとし。彼此れを弁ぜず。唯々有徳の老人のみ此の昏瞶無し。修養の素有るを以てなり
明治の住友財閥の経営者伊庭貞剛の老人に関する言葉も改めてここに挙げておく。
「事業の進歩発展に最も害をするものは、青年の過失ではなくて、老人の跋扈である」
最後に死に臨んでの老人の心構えにつき、再び「耋録」から2つ挙げてみたい。
《耋録＃229》死に臨んでの老人は？
凡そ古器物、古書画、古兵器、皆伝へて今に存す。人は則ち世に百歳の人無し。撰著

（著作のこと）以て諸れを後に遺すに如くはなし。此れは則ち死して死せず
《耋録＃340》老人の死の時。
吾が軀は、父母全うして之れを生む。当に全うして之を帰すべし。臨歿の時は、他念有ること莫れ。唯だ君父の大恩を謝して瞑せんのみ。是れ之を終を全うすと謂ふ
自分が老人になってみると、この『言志四録』の言っているところはいちいち思い当たることばかりである。老人は、自分が年齢を経ていること自体が価値あることだと思って、若い人々に対処することが一番の問題なのだろう。とくに未来の重要事の意思決定を行う時には、すぐに居なくなる老人ではなく、若い者の意見が十二分に入った意思決定になるように老人が考えてやる必要あり、だ。

認知症がこわい

私は認知症を懼《おそ》れている。母は98年の生涯でほぼ大丈夫だったが、父は89年の生涯の後期は認知症が出ていたからである。

ここ20年ほどのデータによれば、先進国での認知症有病率は減ってきているのに、日本ではむしろ増えているのが気がかりだ。先進国では、オランダ、カナダ、スウェーデン、デンマークなどで顕著に減り、米国でもわずかにではあるが減っているのに、日本だけは増えている。肥満、血糖、喫煙、甘味料などのリスク要因についても、また、教育レベルなどでも優れているのに、なぜ日本のみは認知症になりやすいのだろうか。

仮説としては、他の先進国との比較で、日本は他人への依存心が強いからだと言う。他の先進国では、社会が成熟し、個人が独立し、自分の人生に責任を持って暮らしているのに、日本の高齢者は他人への依存心が強く、とくに医者への依存が高く、医者もまたそれを多としている風潮があるというのだ。

さらに外国のごとく、精神的に刺激のある活動をし、よく身体を動かし、よい食事をし、しっかり眠ること。自分で考えて、思い切り自分のやりたいことをやること。脳に刺激を与えることが大事、とある。


私が80代にこれからやろうとしていることは、果たしてこれに該当するであろうか。読書、スキー、ゴルフ、ハイキング、散歩、瞑想、睡眠、入浴、三味線、小唄、学問の先端調べ、さらに加えて睡眠薬を退職後は一切使っていないこと等々は、健康長寿にも認知症予防にも効き目があるようである。

認知症に関する講演会などでは、食事には気をつけろ、とくにたんぱく質を摂ることが大切で、歳をとっても食べる量は減らさずに、運動をあわせてするように、と言われる。これは健康・寿命に関して言われることと同じだ。私の場合は、朝昼夜きちんと食べているし、卵・牛乳・大豆・魚・肉も好きでよく食べる。

問題は運動の量のほうで、厚生労働省の指導は、息が苦しくならない程度の運動を週に2日以上×30分以上やるように、とある。どうしてもできない時は、毎日、男9200歩、女8300歩を歩くようにせよと。これは私の場合だと相当にきつく感じる。1時間歩くと6000歩であり、9200歩だと1時間半かかるからだ。だから私は歩くのに加えて週に1回の30分間水泳をして、不足分を歩くことで補うようにできないか、と思っている。退職したあとに張り切って歩き過ぎて膝や腰を痛めた人の例を知っているので、その轍を踏まぬように注意している。

死のとき

人間が死ぬ時には、最後の引き下がる力が必要になる。

生物の生命の本態はまだ多くの謎に満ちている。46億年前の地球誕生以来長いこと生命はまったく存在していなかったが、36億年前に、ある海の中でさまざまな物理化学的条件が揃い、物質つまり元素の適切な組み合わせが整って生命が誕生したようだ。

このバクテリアのような単細胞生命は長い時間をかけて成長し進化し、植物界・動物界と大きく分かれた。植物は種子へ、動物は子孫へ生命をつないでいくが、元の植物は枯れて死に、元の動物も死んで元の物質に戻っていく。だから生物は死ぬと物質に戻るという事実を冷静に直視せねばならない。

物質の尊厳を見ることは、生命の尊厳を浮き彫りにすることにもつながる。人間の死にまつわる諸々の暗い感情は、人間の情緒的反応に過ぎず、死そのものは自然現象であり、生を支える外なる自然に支えられているのである。生を支えるものはまた死をも支えるものなのだ。

では、どうすれば、死に赴く人は死をまっすぐに見ることができるようになるか。

死に臨んでの苦しさ痛さを心配する者には医者が対応できる。この世の愛する者との別れを惜しむ者には、本当は別れではなく、別の状態での存在は続くのだ、と言ってやる。果たして自分の人生には意味があったのかという嘆きに対しては、自分でも他人でもその判定はできない、その判断はただ人間を超えたものに任せることになるのだ、安心せよと言ってやる、というのが私の答えだ。

しかし、言われる側の死に赴く人間にしたら、突然そう言われたからといって、はいそうですか、ともわかるまい。

やはりさし当たってただちに死に臨むことがなさそうな人まで含めて、あらゆる人が「死を取り入れた生」を生きるという態度を普段から実践しておくことが、いざという時に備える最高の解ではあるまいか。


いつ死んでもよいように毎日を生きるとなると、自分の命も他人の命も一層大切に思えてくる。なるべく価値あることに自分の命を使いたいと思えるようになる。私たちの命を支える人情やら自然やらが、私たちの死後をも支えてくれると思えた時、何も不安や惧《おそ》れを抱く必要のないことがわかってくる。死を取り入れた生の明るさ、人情とか自然の明るさがわかってくるのだ。

そういう人がいよいよ死を迎えるとき、その死は壮大で美しいものに見えてくるのではなかろうか。「大地に還る」という日本語がいみじくも表しているように、1つの命を形づくっていた物質とエネルギーが、地球上に、そして宇宙の中に散らばる。その人の生の歩みの総決算は人間を超えた大きなものに任せることになる、ということが理解できると死への惧れは美しいものへの憧れのように変わってはこないだろうか。

これまでの話は、吉田兼好の表現では、「されば、人、死を憎まば、生を愛すべし。存命の喜び、日々に楽しまざらんや。……生ける間、生を楽しまずして、死に臨みて死を恐れば、この理あるべからず。(徒然草93段)」となる。

最後に死に臨んでの辞世の句を2つ紹介したい。

1つは織田信長で、あまりにも有名な幸若舞『敦盛』のある部分。今川義元を倒した桶狭間の戦いの前にも、本能寺での最後の時にも舞い唄ったとされている。

人間五十年　下天のうちを比ぶれば
夢幻のごとくなり　一たび生を得て
滅せぬもののあるべきか

もう1つは細川ガラシャ。１６００年、徳川家康の留守中に豊臣方の石田三成が挙兵し、徳川方細川忠興の正室ガラシャ38歳を人質に拉致せんとした。忠興も出兵中で留守であった。ガラシャは強く拒み、屋敷に火をかけ、家臣の槍で自身を討たせた時の辞世の句だ。ガラシャはキリシタン名で英語名だとグレース。キリスト教徒は自刃できないので家臣に自分を討たせた。ガラシャは明智光秀の三女の珠である。平生から死ぬ時を考えて生きてきた人の覚悟を、散る花と比べて詠んだ句である。

散りぬべき　時知りてこそ　世の中の
花も花なれ　人も人なれ

第 5 章

仕事はやりがい、
人生は生きがい

仕事と人生、どちらが大事か

全日空機ハイジャック事件は私に「ザ・ラストマン」の大切さを理解させたが、もう1つ、人生観が変わったということも大きい。私は、ザ・ラストマン山内純二さんのおかげで墜落死の20秒前から引き返すことができたけれども、人はいつ死ぬかわからないのだから、毎日を大切に生きなければ、と強く自覚するようになった。

当時60歳目前だったが、この日を機に最後のゴールを見据えた人生を考える日々が始まったとも言える。日立本体の副社長職やグループ会社での会長職をずっと続けていた私が、ハイジャック事件から10年後の２００９年４月に一大決心をして日立本体に戻り、世界金融危機後の日立グループを回復軌道に乗せるラストマン業務を２０１４年まで続けることになった。

２０１１年３月までは、執行役社長や執行役会長をやっていたから、経営執行の国内外の最前線でシャカリキになって働いた。つまり、「企業での仕事」で精一杯であり、「人生」とか「生きがい」とかについてじっくりと見直すゆとりなどはとてもなかった。２０１１年4月よりあとは、志願をして取締役会長として経営執行部隊を監督・監視する立場に移り、ハイジャック事件から12年後の71歳になってやっと、人生、生きがいを考える時間的ゆとりを作り出せたのであった。

当時、聖路加国際病院の日野原重明先生から「私も１９７０年の日航よど号ハイジャックで、あなたと同様の死からの生還体験をした」との書き出しのお手紙をいただいた。よど号ハイジャック事件当時58歳の先生は、この体験をきっかけとして、内科医として世界的にも名声を得るため働くというそれまでの願望をきっぱりと捨て、困っている患者さんに寄り添った医者として毎日を大切に生きるという人生に切り替えた、と書いておられた。先生は１０４歳までまさに病院でのそういうお仕事に加え、学会発表、講演、人材育成など「毎日を大切に生きる」という現役人生を貫かれた。頭の下がることである。
私は当時、会社（日立）の仕事で創出した（経済的）付加価値を毎月毎年社会還元することで、世の中を下支えし貢献していると考えてはいた。加えて、日野原先生の例に触発され、日立以外の他社の経営に関して社外取締役として働くことも社会貢献であると考えて、それらも実行した。したがって企業の社会還元を通しての貢献はまずできていると自分で判断をしていたが、これらはほとんどすべて「仕事」の結果であるところが気にかかっていた。


人生と仕事について、考え方の整理が必要だった。その際役に立ったのが、荘子や遠藤周作などの著作だ。私はまず、生活の中のたとえば仕事について考えてみた。仕事はその社会性や、その中での人間同士のふれあいなど重要な人生要素を含んでいる。一生懸命に仕事に没入できた時には、これは人生そのものだと錯覚する時もあるほどだ。

しかし実は、仕事はやはり仕事であり、その本質は合理主義に立脚して、できるだけ無駄を省いていく中で社会への付加価値を作り出すものである。一方、人生とは無駄もしながら、無駄の中に意義を見つけ出していくものだ、というのが荘子らの考え方だ。

荘子的考え方には、自分の体験から小さい異議を唱えておく。仕事はたしかに生活の一部であり、合理性の追求とくに経済的合理性を追求するものであることは論を俟《ま》たない。しかし、それは社会性を持つ人間たちによってなされるものである以上、とくに苦境に立った場面で、社会の中での人間同士の助け合い、思いやりなどが存分に発揮されることがある。錯覚どころか、これは人生そのものだと感じ入ったことが何回もあった。

苦難を分かち合った仲間たちとは、その後も永く付き合いを続けることにもなるのだ。したがって、仕事と人生の間には、わずかな領域かもしれないが、分かつべからざる共通領域も存在する。よってそういう経験を仕事の中で持つことができた幸せな企業人は、それをもその後の人生の拡大に有効活用できると、私は考えている。


人生とは無駄の中に意義を見つけ出していくものだということとは、荘子の表現では「人みな有用の用を知りて、無用の用を知るなきなり」「道は見るべからざるに在り、用は知るべからざるに在る」となる。遠藤周作の表現では、「さし当たって役にも立たぬことの集積が人生をつくるが、すぐに役に立つことは生活しか作らない。生活があって、人生のない一生ほど侘しいものはない」となる。

生活や仕事の目標は、今日のこの環境の中で最適解を探すという「どうやるか」型である。一方、人や社会に尽くすことの追求という「何をやるか」型の幸せ追求こそが本当の人生の目標だというのだ。

日野原先生の生き方に戻って考えると、自分の愉しみに耽るのではなく、毎日を大切に生きる中で人に尽くす「利他の人生」を生きがいのある人生と考え、実行されたように見える。先生はキリスト教徒だが、その行動は驚いたことに「過去は過ぎたもので追うべからず、未来はまだ来たらずで期待すべからず、今をよく観察し明らかにし（＝あきらめる）、今為すべきことを努力して為せ」という仏教（禅）の教えにも通じているようにも見える。人間の生き方の根底は洋の東西、時の新旧を問わず同じということなのであろう。

孔子や孟子の考え方はどうだろう。孔子を評して弟子の曾子は「夫子の道は忠恕のみ

（先生は一本道を通して来たが、それは真心と思い遣りという道だ）」と言っている。忠とは、自分の真心を信じて物事に全力投入することであり、恕《じょ》とは他人への思いやりの心を持って行動することだ。

別の場面で弟子の子貢に「一言にして以って終身これを行うべきものありや」と問われた時には、孔子は「其れ恕か。己の欲せざるところ、人に施すこと勿れ」と言っている。忠のほうは自分の力で全力投球することゆえ、生活・仕事の領域であり、まだやりやすい。恕のほうは相手の立場に立って考え、利他の行動を日々することであり、実行が少し難しいから、孔子は弟子に対してそちらを「何をやるか」型の「人生」領域の終身の心掛けと強調したのであろう。

孟子も同様に「惻隠の心無きは、人に非ざるなり」と言っている。惻隠の心とは、思いやりの心、恕《ゆる》す心、相手の身になって考える心のことである。

もっと直截に日本人の腹に響くのは、新渡戸稲造の『武士道』であろう。武士道とは、武勇と惻隠の情との体系であるとされ、武士の情けという言葉も生まれた。最も剛毅なものは最も柔和なものであり、惻隠の情あるものが勇敢なるものなのである。この考えは孔子・孟子のそれと同様である。

米国の小説家レイモンド・チャンドラーの文章に「強くなければ生きてはいけない。優しくなければ、生きている資格がない」というのがあるが、これも中国古典と同様な中身なのには驚かされる。

司馬遼太郎の「二十一世紀に生きる君たちへ」との文章が1989年小学校6年生の国語教科書に残されている。まず自分には厳しくして、頼もしい自己を確立し、一方、他人とは優しさ・思いやり・いたわり・人の痛みを感じる気持ちを通じて助け合いながら、社会という支え合う仕組みの中で生きていく。これらは本能ではないから訓練して自分で身につけていかねばならない、とある。司馬は、忠と恕のことを言っているのだ。

ここで付記しておくべきは、古典というものはいいものだということだ。諸行無常の歴史を経ても生き残っているものには、昨今のビジネス書などからは得がたい重厚さがある。読書の幸せこれに尽きるというべきだろう。

生活・仕事と人生は、両方が人の一生の中で相互進行していく。私の場合はこれまで、生活のとくに仕事の合理性追求に集中し過ぎた傾向がある。今後は人生への傾斜を深めたいと思う。

生きがいは人生の中にのみある

生きがいとは主観的なものであり、生きる悦び、生きたいと思う何かにつながるものだ。他人の評価などには関係なく、自分が好きなように生きている時に感じる生きる意味、生きる張り合い、生存理由ともいうべきものである。

子どもが草原で蝶を捕まえるという遊びの中で純粋に感じる悦びだとか、研究者が未踏の分野に踏み込んだり、新発見をする際に感じたりする純粋な悦び、その感覚が「生きがい感」なのである。

ノーベル賞受賞者の言葉に「大いなる喜びは研究そのものにあるのです。結果にではありません。希望に満ちて旅していることがいいのです。人間は戦うべくして生まれついているのだから、戦いに挑まなくては、崩壊するだけです」というのがある。生きがい感について言い当てているとともに、人間に必要なのは安楽ではないことをも示している。

このような未踏の分野の事柄だけではなく、普通の人生の中にも、家族とともに過ごす中に、とくに悦びを感ずる瞬間が飛び出すこともあるし、自分の趣味や好きなことに没頭する悦びもある。ボランティアなど社会とのかかわりの中での悦びもある。これらは皆、生きがいそのものと言える大切な事象であり、その中にここぞという悦びの瞬間が混在している。そこをきちんと摑まえ、味わいながら人生を送ることは大切と思う。


私の家では次男が小学校2年生くらいの時、「目くそ鼻くそ問答」があった。

次男が「目くそ、鼻くそを笑う」って何のこと？　と昼に妻に聞いてきて、妻がかくかくしかじかと教えた。次男はフーンと聞いて、午後はどこかへ遊びに行ってしまった。薄暗くなって帰ってきて、夕食時に、次男は「お母さん、ボクはやっぱり目くそのほうがいい」と突如言い出した。

「午後一杯遊んでいる間中、あの子は目くそも鼻くそも同じようなものという私の回答が気に入らず、ずっと考えていたの、可笑しいわ」とその夜、妻が笑い転げながら私に報告した。そして子どもを育てること、専業主婦の仕事も毎日で大変だけど、こういう愉しみが交じってくるからねえ、と言っていた。妻は仕事も子育ても両方やる最近のキャリアウーマンはこういう愉しみは味わえまいと思ったようでもあった。

こうしたことは、子どもを育てている中で生きがい感を覚える瞬間である。子どもが成人になるまでこの種のことは度々発生し、私たち夫婦を愉しませたし、その後も繰り返して話題になった。生きがい感というのは、人生の途中で時たま期せずして与えられる恩恵のようなものではあるまいか。


以前、小説家の津村節子さんが新聞の文化欄に、お孫さんたちが友達とやってきては庭でタケノコ堀りや梅の実の収穫をする様子を書いておられた。

若い頃は小説を書こうとする女は結婚なんてとてもできない、と思っていた。それが恋愛結婚をすることになってしまい、それなら子どももということで、男、女の2人の子に恵まれた。しかし子どもの病気、学校など難業が次々と襲いかかった。小説の仲間たちは同人雑誌で鎬《しのぎ》を削っているのに、自分は時間がなくて焦るばかりの日々だった。結婚せず、子どもを産まなかったら、もっと仕事に集中できたかもしれないが、元気に遊ぶ孫たちの声を聞く倖せはなかった、と結ぶ文章で、津村さんが手に入れた生きがいの1つが見事に描かれていた。もちろん津村さんは芥川賞の受賞者だから、働きがいのほうでも申し分がないわけだが、生きがいを得た幸せを素直に記しておられて感激した。

生きがいは、もっと精神的な悦びの世界でももたらされる。人に尽くして感謝されると生きがいと感ずるとか、認識と思索の悦び、審美と創造の悦び、愛の悦び、宗教的悦び等を生きがいと感ずる世界である。

原点は、「自然」にある。そこには、野に一輪の花が咲くのを見る悦びがあり、囀る鳥の声を全身で受け止める悦びがある。社会と離れて自然にかえる時、その時に人間は本来の人間性に立ち返るのだ、というジャン＝ジャック・ルソーの言葉は正しい。産業革命以前の長い長い時間の自然との共生の記憶が人間をしていつもそうさせるのだ。

一輪の花の咲くのを見て、囀る小鳥の声を聴いて、人は自分が大いなる自然、大いなる大地に抱かれていると実感し、深い悩みを持つ人であればなおさら、新しい力を回復して社会へ帰っていく。人は、自身の積極的生きがいの思索かつ実行のほうにも、その新しい力を使う。人生いかに生くべきかとの模索は、普遍的なもの、正義・愛・自由・平等などへ結晶化することもある。

小鳥の囀りを全身で受け止めた人は、社会へ戻ってからも、隣人の言葉、とくに、悲しみや苦しみの中から芽生えた言葉に全身で耳を傾け、共に考え、隣人に生きがいを作ってあげることもある。人間に生きがいを与えるほど大きな愛はないわけで、その人は、感謝され、またその人もそこに大いなる生きがいを感じることになる。

これらが、真の生きがい、すなわちすべてを圧倒するような悦びが心の中に湧き上がってくるような生きがいなのであろう。


それでは、生活の中、たとえば仕事の中には、真の生きがいはないのか。生きがいがあるのは人生の中のみなのだろうか？

結論を先に述べると、真の生きがいは仕事の中にはない、人生の中にのみある。

仕事というのは、最後に他人に評価されて価値が定まるところがあるのがその理由だ。生きがいは客観評価とは関係なく、自分の生きる悦び、生きる力につながることが大切で、評価も主観評価・自主評価のみなのだ。

だから、仕事で大事なのは生きがいではなく、「やりがい」「働きがい」であろう。仕事を行う時の気持ちの張りは、多くの場合、他人に評価されることが含まれている。他人の評価がモチベーション向上となるのだ。


生きがいという概念は海外ではあまり普遍的に広がってはいないようだ。日本人は内向的・主観的で自分の世界を大切にするが、外国人とくに欧米人は外向的で、客観的に自分のことを観察評価できるし、他人に評価されて初めて自分の価値が定まると感じる傾向が強い。外国人はやりがいの文化であり、生きがいは日本に根強い文化と言ってもよいようだ。

藤沢周平の世界でも、日々冴えない暮らしの武士が実は手練れの剣の達人であったりすることが描かれている。彼は普段の暮らしの中では周辺にその片鱗も見せない。一旦緩急ある時に、彼は手練れの剣技を見せて事態を解決し周囲を驚かす。外国人はこの話を聞き、そういう自己錬磨による剣の達人なら世間から評価されながら鍛錬すればもっと素晴らしい大達人に早くなるであろうに、と言う。それはそうかもしれない。しかし日本人は自分だけの生きがいを育てることの愉しさと大切さを知っている、とも言える。

1960〜1970年代出版の神谷美恵子著『生きがいについて』『人間をみつめて』は、精神的な悦び、その高度な生きがいの世界を余すところなく伝えている。彼女は多岐にわたる大学での活動、著作活動、そして育児のあとで17年ぶりに初志を貫徹し、岡山県の国立療養所長島愛生園でのハンセン病治療にそれからの15年間を捧げた。謙虚な温かい人柄もあり、現在に至るまで慕う人が多い。長島愛生園にて神谷は「人に生きがいを与えるほど大きな愛はない」ということを、身をもって示したのであった。

なお、神谷は碩学であり、ギリシャ語原文からの翻訳によって、ローマ皇帝マルクス・アウレリウスの『自省録』を日本に伝えた人としても著名である。

西行の人生

西行法師・俗名佐藤義清《のりきよ》は、平安末期・鎌倉初期の大歌人である。藤原定家ほかを選者とする『新古今和歌集』において最大の94首が選ばれている。

その和歌からむしろ女性的な繊細さを感じる人も多いのだが、現実の西行は、恵まれた境遇を若くして捨て、無常の風の中で長い漂泊の人生を貫いた意志の強い人として後世の評価が高い。松尾芭蕉、高杉晋作さらに勝海舟などが「一旦志を立てて超然として脱俗し、世を恨まず、一生を風雅に託したのは、なかなかできることではない。西行は古今第一等の人物だ」と言っているほどである。

藤原秀郷直系の名家生まれの佐藤義清は、若い頃から弓道や馬術などの武芸や和歌に長じており、鳥羽上皇の警護を担う武士集団・北面の武士の1人にも選ばれていた。彼は上皇の御所などで同い年の平清盛とも同じ儀式に参加したり会話を交わしたりしていたとも思われる。その義清が、上皇あてに暇乞いの和歌を詠んで23歳で出家してしまった。

身を捨つる人は　まことに捨つるかは
捨てぬ人こそ　捨つるなりけれ

という歌の意味するところは、「出家して身を捨てた人は本当に人生を捨てたのか。否、俗世のしがらみに囚われた己《おのれ》を捨てられない人こそ、己の人生を捨てているのだ」というものだ。俗世のしがらみを捨て去ることこそが本当の人生を生きることにつながるのだという並々ならぬ決意が伝わってくる歌である。自分が正式の僧侶ではなくいわば頭を丸めただけの私度僧であるので、その世界で出世することをまったく期待せず、一ケ寺の主になる資格も持っていないという厳しい背景も認識しての覚悟であった。
西行は真言密教について非常に造詣が深く、出家後も河内の弘川寺などでさらに学問を積み重ねたが、自分の身のためのものであり、出世のためのものではなかった。当代随一の真言学者であり、本物の出離の精神を持っていた宗教者でありながら、山野を漂泊する日々を覚悟していたのだ。

ただ、西行には和歌があったので、漂泊の日々の中で得られた無常の思想を赤裸々に論文や書物にして世に顕す必要はまったくなく、美を讃える和歌の中にそれとなく滲ませておくことで十分と考えたのであろう。仏教者や神学者の哲学表現を、自分をあからさまに出し過ぎると考えて避けていたかもしれない。

桜の歌を4首、参考までに載せておく。

春風の　花を散らすと　見る夢は
さめても胸の　さわぐなりけり

いかで我　この世のほかの　思ひ出に
風をいとはで　花をながめん

葉隠れに　散りとどまれる　花のみぞ
しのびし人に　逢ふ心ちする

わきて見ん　老木は花も　あはれなり
今いくたびか　春に逢ふべき

西行はどうやって暮らしていたのか。名家の出で地所も持っていることもあり、23歳から亡くなる73歳までの間、ずっと送金があったらしい。奥州藤原家や朝廷など、少ないながらも俗世とつながりを持ち、頼まれ仕事などをごく少々はやっていたようだ。

西行は出家3年後の26歳の時、1144年に最初の奥州への旅を行っている。能因法師の歌枕を訪ねたり平泉で親戚の藤原秀衡に会ったりとかに加えて、関東・奥州の風土を見るためであったろう。現在の小唄にも、

〽西行さん、はじめて東《あずま》へ　下るとき
墨の衣に　竹の杖
唐茄子ほどの　叩き鐘
チキチャンチキ　チキチキ　なんまいだ

というのが残されていて、往時の西行の風姿を彷彿とさせる。

逝去の4年前の69歳の時、1186年には、2回目の奥州への旅を行った。この旅には、平泉で藤原秀衡に再会して、奈良東大寺の大仏建立のための砂金勧進を願うというれっきとした目的もあった。この時には、次の2首ほかを残している。

年たけて　また越ゆべしと　思ひきや
いのちなりけり　小夜の中山　（東海道中山越）
風になびく　富士のけぶりの　空に消えて
行方も知らぬ　わが思ひかな　（富士山）

小夜の中山の句は東海道の難所、中山越えをこの歳でまたもや行った辛さを詠い、次の富士山風姿に関しては当時の煙を吐いている活火山富士と無常の世との対比を描いている。
富士見西行に関してはいくつかの絵画や、次の小唄にも記録が残されている。

〽さるほどに　これはまた　西行の坊ん様が
富士の白雪　眺めんと　風呂敷　背負うて
杖ついて　笠着て　西へ行くべき　西行が
何故に東《あずま》へ　下《くだ》らんす

この小唄は西行が東行したと唄っているのだが、幕末長州の高杉晋作などは26歳の時に「東行」と自称するほど私淑していて、1首を作っているくらいだ。

西へ行く　人を慕いて　東行く
わが心をば　神や知るらん

2回目の奥州行で、西行は源頼朝と面談をしている。壇ノ浦の戦いで平家が源氏に滅ぼされた翌年で、頼朝が鎌倉幕府を設立して2年目、頼朝・義経の確執が酣《たけなわ》になりつつある時である。

朝に、頼朝が鎌倉・鶴岡八幡宮を歩いている折、旅の老僧を見て声をかけ、西行だと知って驚き「弓矢の秘伝の話を聞きたい」と屋敷に伴った。西行は、もう昔のことで忘れてしまったと言い、しぶしぶながら、長時間、武術の秘伝とくに弓道や馬術の話をした。40歳そこそこの気鋭の武士頭領頼朝が記録者を置いて西行の話を速記させた——こう『吾妻鏡（鎌倉幕府公式記録書）』にあるが、これは尋常なことではない。

頼朝は次の年以降の流鏑馬《やぶさめ》などで、これらの話を取り入れて改革したと言われている。

西行は武士世界を去って50年後においてもなお、頼朝と対等の精神で対座してしかも武道につき講述できる人、たくましい人であったのだ。西行の態度はしぶしぶとされているが、おそらくは、前年滅ぼされた平家の側への親近感、新興の東国武士に対する距離感、あとは義経・頼朝の確執に関する思いなどがあったからであろう。

願はくは　花の下にて　春死なん
その如月の　望月のころ

これは西行の辞世の句、実際は73歳で逝く数年前の句と言われており、意味の深い歌である。真言密教の大家としての西行は、即身成仏をもって究極の境地としていた。しかし長く無常の世界を漂泊してきて神や仏にすがる世界を突き抜けていた西行は、究極の境地は神仏ではなく、美にあり花にありと考えるようになっていたのであろう。その究極がこの辞世の句なのではなかろうか。
現実に西行は、旧暦2月16日の満月の日つまり新暦の3月下旬の満月の日に逝っている。西行は間違いなく自身の考えたとおりの人生を若い時から生きた人だ。日残りて昏るるに暫し時あり、の私は、これから何ができるだろうか？

本好きの小さな望み

子どもの頃から本が好きで、『宝島』『海底二万里』『トム・ソーヤーの冒険』『ハックルベリー・フィンの冒険』、さらに南洋一郎、山中峯太郎、佐藤紅緑、吉川英治の『鳴門秘帖』などの血湧き肉躍る物語を読んで飽きることがなかった。

『譚海《たんかい》』というその種の物語の雑誌があり、定期購読をしている子から一晩だけと無理を言って借りて読んだ。うちの親はその種の本まで買ってくれるほど寛大ではなかった。母親から「遅くまで起きていてはダメ」と叱られながらも粘って全部読んだ。なにしろ明朝には雑誌を返さなくてはいけないのだから。

大学生の頃も、まだ物語性のあるものが好きで、スタンダールの『赤と黒』『パルムの僧院』、メリメの『マテオ・ファルコネ』など短編集、ドストエフスキーの『カラマーゾフの兄弟』『罪と罰』『白痴』『悪霊』などを読み耽《ふけ》った。

社会人になってからは、仕事に関係のない書物を読む時間を作るのに苦労した。このままでは人生の本質に触れられないで終わるのではないかと考えることもあった。

人間とは何か。人が生きるとはどういうことか。人が生きるためには総論と各論とが必要だ。総論に当たる書物は、宗教や哲学の本、各論に当たるのは文学作品と言える。ある人の人生のある時期を切り取った断面が文学作品・小説であり、じっくりと向き合うと魂と魂とがふれあう瞬間を感じることがある。

そこで大学生の頃に読んだものを読み返すとか、『孔子・孟子』『老子・荘子』『言志四録』、マルクス・アウレリウス『自省録』などの古典、あとは藤沢周平や山本周五郎や司馬遼太郎の作品を愉しみ共感したり反発したりしながら読むとかで、今日に至っている。

中学生以来の近視・乱視であり、40歳台には危うく失明ものでしたよと脅されながら、右眼の網膜剝離の手術もした。今80歳になり、案の定、視力が弱まり始め、とくに夕方になると視界がぼんやりと霞んでしまうことまで出てきた。白内障手術は両眼とももう済ませてあることだし、目の酷使を控えることとくらいしか打つ手はありませんと医者が言う。

引退したらおもしろい本を見つけるたびに、丸1日ぶっ続けで読み耽ろう、とのかねての望みが危うくなってきた。

そこでいよいよ電子図書だな、と覚悟をしてパソコンやスマートフォンのやや大型のもので開始してみた。画面の指操作で文字の大きさをいくらにでも調整できる。本を支えながらページをめくるという疲れる動作もない。強いて問題点を探すと、文字の拡大により、文章の中の段落とか、すき間などが、著者の当初の意図と違ってくるであろうことと、ページ数がやたらと増えること、デジタル図書が存外高価なことなどである。それでも文庫本などの細かい字を読むのができなくなった私には、電子図書は救世主のようなものであるとわかった。

『戦争と平和』の主人公ナターシャ・ロストフやアンドレイ・ボルコンスキーの人生を中心とした大河小説も、山本周五郎の『樅の木は残った』などの大河小説も、そして大事に取ってある藤沢周平の未読小説も、私がこれから読む・読み直す予定の作品の中に含まれている。

私の小さな望み「丸1日ぶっ続けで本を読む」は、何とか達成されそうである。

先人の心に触れる悦び

読書はずっと私の好きなものの一番目であった。40歳の頃に、マルクス・アウレリウス著『自省録』を神谷美恵子さんの名訳で読み、レビューを社内報に寄稿した。

古代ローマ帝国の五賢帝の1人である著者は、夜半に家臣が寝静まった夜、哲学的思索に耽った。ゲルマン人との戦いなど遠征の激務の中で哲学的人生論を残した偉大さを私は讃えたのだが、日立工場の先輩や同僚からは仕事に直結する科学技術文献をもっと大量に読むほうが先だ、と冷やかされた。

ただ、私には違和感があった。科学技術論文に関しては上長の西政隆さんの薫陶で欧米の論文も読み、こちらも欧米への論文発表もやり、実務に応用しているという自負もあった。何より、ビジネスマンとして技術活動・営業活動にあくせくし、東奔西走するだけでは能がない。文学や哲学書を繙《ひもと》き、古人や離れた人とのつながりを自覚できた時こそ人生を生きている気がする。兼好法師が『徒然草』の中で、「ひとり、灯のもとに文をひろげて、見ぬ世の人を友とするぞ、こよなう慰むわざなる」と表現した、あれである。幕末の歌人の橘曙覧《あけみ》の歌集『独楽吟』の中の「たのしみは　そぞろ読みゆく　書《ふみ》の中に　我とひとしき　人をみし時」の歌も同様である。


ある時、『ローマ人の物語』の塩野七生さんとの対談の中で、この哲人皇帝のことになった。塩野さんは「あの皇帝はローマ帝国が全盛期を過ぎたあとの就任なので、戦争では苦労した皇帝なのよ」と解説してくれた。

たしかに読書と瞑想に耽ることが何より好きなアウレリウスにとって皇帝としての責任を一身に負い、政務や戦争に忙殺されるのはありがたいことではなかったろう。しかもあの頃のローマ帝国は長い平和の時を終え、多事多難の時に差しかかっていたのだ。しかし義務感の強い彼は、努力を傾注して与えられた仕事を果たし、また自分の理想とするところを現実にしようと心を砕いた。

『自省録』の中にも「賢い人は怒涛の猛けるさなかに泰然とやすらう岩頭の如し」や「死は熟したオリーブの実が感謝しつつ枝から落ちていくようなものだ」等々の言葉に加えて、職務に関するものも少しあり、「他人の言うことに注意する習慣をつけよ。そしてできる限りその人の魂の中に入り込むようにせよ」等々の記述がある。

現代と同じく部下の不満や課題に耳を閉ざす上長、そして自分自身のことを自戒したのだろう。

『カラマーゾフの兄弟』は大学生の時と48歳の頃と古稀過ぎの75歳頃と3度読んだ。最初の2回は米川正夫訳、最後は亀山郁夫訳である。

父親と2人の兄を通じて人間の本性である欲望、絶望、暴力が垣間見える。三男アリョーシャの周囲に理想や希望、愛などがほのかに漂うが、はっきりとは見えてこない。著者は続編をアリョーシャの成長とともに描く予定だったようだが、亡くなってしまい、続編は世に出なかった。

著者ドストエフスキーは、28歳の時に死の20秒前からの生還を果たした経験を持つ。20秒前というのは私のハイジャック事件と同じだが、著者のほうははるかに深刻である。政治犯として死刑判決を得て、8カ月の牢獄生活後に、銃殺刑のために十字架の前まで引き出される。そこへニコライ一世からの特赦通知が届いて、シベリア流刑5年に減刑されたのだ。その体験が『カラマーゾフの兄弟』『罪と罰』『白痴』、そして『悪霊』などの作品群に大きな影響を与えたと言えそうだ。

『白痴』の中で著者は、死刑がどんなに非人間的なものかを主人公に語らせている。殺人の罪で死刑にするということは、当の犯罪よりはるかに大きな刑罰です、あと決まった時間が経ったら、魂が肉体から抜け出してもう二度と人間でなくなるという気持ちの中に一番強い痛みがあるのですと。

私は、今や世界の国の中で死刑廃止に踏み切った国が、死刑制度を存続している国より多くなったことを知っている。私個人は、死刑制度存続論者である。殺人の加害者のほうが死刑にならぬ、そんな馬鹿なことがありうるか、と思ってもいる。しかし私は、自分がドストエフスキーをきちんと読めてはいないのではないか、とも疑い始めている。私は、全日空機ハイジャック事件の折、自分はもうすぐ死ぬ、殺されると芯から思ってはいなかった、という気もしていて、自分のいい加減さに気づいている。

このあと、まだ繰り返しドストエフスキーを読まなければ、という気になっている。

幸福な人生とは何か

世界には三大幸福論と呼ばれる著作がある。バートランド・ラッセル、カール・ヒルティそしてアランである。

その中の1つ、B・ラッセルの『幸福論』には、人が幸福を得るためには、自然と共生してその中で満ち足りて暮らし、ときどき世の中に出て十分働いてまた帰るのがよいと述べている。

これが一番できる職業は、学者とくに科学者で、2番目が芸術家。芸術家が1番ではなく2番目なのは、自分の芸術作品に対して一般大衆が批判や評価をする余地が多いためだ。学者の成果は一般大衆にはわかりにくいので批判が少なく、幸福度が1番となる。

3番目は企業の経営者。これらは今まで世になかったものを創造できた時などに評価されるという幸福だ。同じ意味で政治家だって、混沌から秩序を作る国家建設においてレーニンのようにやれれば評価される、とある。1930年当時の著作だからレーニンのソ連邦の設立・立ち上げが評価されているのだ。ただ、前述の「生きがい」「働きがい」の考え方から見るとこのラッセルの考える幸福は、世間の評価を考えながらという点から見て、「働きがい」の見方に近いようだ。

学者の幸福度については、宇宙物理学の村山斉さんの解説がある。学問の進歩の成果は一般大衆にはわかりにくいが、時が経つとその成果は人類を豊かにすることが世に浸透し、学者の幸福にもきちんとつながるのだ、と。

人類はガリレオ以降、天動説ではなく地動説が正しいと知ったが、自分たちの日常生活には何の影響もないとも思った。しかし自分たちは宇宙の中心ではないとの意識が人類に浸透し出すと、自身の捉え方や人生観が変わってきた。これは人類にとっての豊かさが増えたことであり、学者の幸福度につながるものだ、というものだ。学者は、自分の「生きがい」に集中し、結果として人類を豊かにするという一番本質的な幸せ人間なのだ。学者が1番という点では村山さんはラッセルと同意見で、私も本当だと思う。

女性あるいは親は、素晴らしい子どもを育てることが成し遂げられたら、困難な建設的なことができたという意味で評価されるし、本人たちも深い満足感が得られるとされている。そしてこれら「創造的プロジェクト」が完成したら一旦自然と共生して晴耕雨読の生活をする場に戻る、その後また俗世間から呼び出されたらグズグズ言わずに出かけて行って働くことが理想的だと、ラッセルのみならず、ヒルティにても共通して述べられているのはなぜだろうか。

おそらく、創造的仕事の実行によって得られる満足感は、人に幸福度を実感させる最善のものであるが、一方、休息との両立も重要視されているからであろう。都会での仕事の途中にも休息を挟みつつ、それでも足りない部分は自然へ戻り、晴耕雨読の日々を送ること等で補われるのがよい、という考えではなかろうか。

もっと言えば、新人類ホモサピエンスが16万年の長きにわたり共生してきた自然というものが、現代人類にとってもなお最も安息できる場所であり、生きがい達成のための場所であるからだろう。たとえ仕事に成功してもそれだけで疲労し切って生涯を終えるのでは、真の幸福とは言えない。その後の自然の中での生きがい感のある日々と合わせて人生の意味があるという考え方と言ってもよさそうだ。

アランの幸福論では、最後に「悲観主義は気分によるものであり、楽観主義は意志によるものである。気分にまかせて生きている人はみんな、悲しみにとらわれる。――気分というのは正確に言えばいつも悪いものなのだ。だから幸福とはすべて、意志と自己克服とによるものである」とある。

マーク・トウェインは「やったことは失敗しても20年後には笑い話になる。やらなかったことは20年後でも後悔として残る」と言い、本田宗一郎は「チャレンジせよ。失敗を恐れるよりも何もしないことを恐れよ」、チャーチルは「悲観主義者はあらゆる機会の中に困難を見出す。楽観主義者はあらゆる困難の中に機会を見出す」と言っている。アラン以下チャーチルまで皆同義であろう。

意志を持った慎重なる楽観主義は、たとえば、学者や芸術家や政治家や経営者そして組織の中のさまざまなザ・ラストマンが創造的な仕事をするために必須のものに思える。

幕末の福井の歌人で、橘曙覧《あけみ》という人が居る。福井藩主・松平春嶽がその才を惜しみ、再三にわたり仕官を要請したがそのたびに曙覧は断り、無名の歌人としての生涯を市井の中でひっそりと、貧困の中に終えた人である。曙覧の幸福観を、『独楽吟』という歌集の中からいくつか拾うと次のようである。

たのしみは　珍しき書《ふみ》　人に借り
始め一ひら　ひろげたる時
たのしみは　妻子むつまじく　うちつどい
頭ならべて　ものをくふ時
たのしみは　朝おきいでて　昨日まで
無かりし花の　咲ける見る時
たのしみは　草のいほりの　筵《むしろ》敷き
ひとりこころを　静めをるとき

たわいない日々の暮らしすべてを愉しみに変えてしまう心を持ち、人生を充足して生きた人であった。その生活信条は「嘘いうな、物欲しがるな、身体だわるな（惜しむな）」で、これを守れば人は十分に幸福になれることを教えてくれている。

厳格なる武士道精神で有名な佐賀鍋島藩の『葉隠聞書』の中には、次のような幸福論がある。

「人間の一生誠にわずかな事なり。好きな事をして暮らすべきなり。夢の間の世の中、好かぬ事ばかりして、苦を見て暮らすは愚かなる事なり。この事は、悪しく聞いては害になる事ゆえ、若き衆などへ終に語らぬ奥の手なり。我は寝ることが好きなり。いまの境界相応に、いよいよ禁足して、寝て暮らすべしと思ふなり」

生活や仕事の中に幸福を求めるにせよ、人生や生きがいの中に求めるにせよ、心を決めて邁進すれば幸福を手にする機会は必ずある、ということであろう。

勇気を持って一燈を掲げよ

2009年4月、「沈む巨艦　日立」の再建に取り掛かった新経営陣の心の中にあったのは、幕末の儒学者・佐藤一斎の次の言葉だった。
《言志晩録#13》
「一燈を提げて暗夜を行く。暗夜を憂うること勿れ。只、一燈を頼め」
まず勇気を持って一燈を提げよ、道は真暗闇でも自分たちはこうするのだという一燈を提げる。打つ手は無限に出てくると。新経営陣は100日をかけて再生プラン「100日プラン」を作り、それを一燈として実行していった。

私は、『言志四録』などに示された考え方を自分で反芻するだけでなく、いろいろな大事な場面でその中の言葉をも借りながら、周りの人々を説得したり鼓舞したり慰めたり褒めたり叱ったりしてきた。
以下にその広範な思想の一端を引用し、若干の解説を付す。

《後録＃86》
順境は春の如し。出遊して花を観る。逆境は冬の如し。堅く臥して雪を看る。春はもと楽しむべし。冬も亦悪しからず

《志録＃130》
急迫は事を敗り、寧耐は事を成す

《耋録＃216》
毀誉得喪は、真に是れ人生の雲霧なり。人をして昏迷せしむ。此の雲霧を一掃すれば、則ち天青く日白し

人生ではいろいろな場面に出くわす。友が皆吾より偉く見える日々もある。名誉を得られぬ時もある。その時にも冬もまた悪しからず、人生の雲霧を一掃しようと思えるようになりたいものだ。

《耋録＃202》
雅事は多く是れ虚なり。之れを雅というて之れに耽ること勿れ。俗事は却って是れ実なり。之れを俗というて之れを忽《ゆるが》せにすること勿れ

どんな仕事もきらびやかなことばかりでできているわけではない。辛い地味な範囲ばかりを担務する人も多い。それでも地味な仕事を積み重ねた中で、ある瞬間に何かを掴み、その後飛躍的によい仕事をする者が出る。能力の覚醒だ。俗な地味な仕事をゆるがせにしてはいけない。きらびやかな仕事ばかりに耽ってはいけない。本人の心の持ち方が大事だ。

《志録＃27》
真に大志有る者は、よく小物を勤め、真に遠慮有る者は、細事を忽せにせず

ここで遠慮とは、遠き慮《おもんぱか》りのこと。

《耋録#196》
凡そ剛強の者、与《くみ》し易く、柔軟の者おそるべし。質素のものは永存し、華飾のものは剝落す。人のものと皆然り

柔よく剛を制す、とか、強くなければ生きられないが優しくなければ生きている資格がない、などとよく言われる。さらに真智は愚に見え、真の才能ありは鈍に見える云々と言われるところこちらの眼力を鍛えなくては、と思わせられる。

《耋録#239》
真勇は怯の如く、真智は愚の如く、真才は鈍の如く、真巧は拙の如し

《晩録#60》
少にして学べば、則ち壮にして為すことあり。壮にして学べば、則ち老いて衰えず。老いて学べば、則ち死して朽ちず

学びや仕事は一生にわたって大切である。もし後世にまで伝わるモノとかコトとかを生存中に残せれば、死して朽ちずとなる。もしそうならなくとも、書物や言葉やら映像やらで後世に発信を残しておけばそれでよいのだ。後世役に立つ、そういう例は多い。

《耋録#231》
古の賢者、志を当時に得ざれば、書を著して自ら楽しみ、且つ之れを後に遺しき。一世に於いては則ち不幸たり。しかれどもその人に幸不幸なし。古今此の類少なからず

《耋録#140》
朝にして食わざれば、則ち昼にして飢え、少にして学ばざれば、則ち壮にして惑う。飢うる者は猶お忍ぶべし。惑う者は奈何《いかん》ともすべからず

《志録#39》
人の賢否は、初めてこれを見る時に於て之れを相するに、多く謬《あやま》らず

人と会う時、その最初の対面での人物把握は大切である。今後、オンライン時代になっても、一度はその人と対面しその人物を摑んでおくことは大切だ。かつ一度の対面でそれは可能だし、十分でもあるのだ。

《志録#88》
着《ちゃく》眼高ければ、則ち理を見て岐せず

視点を高くしていくと、自分と全体の関係がよく見えてくる。自分の利を捨ててでも全体にとって利となることをするのがよいとわかるようになる。全体最適の道を摑むと岐路・枝道で右往左往しなくなる。

《晩録#169》
我が言語は、吾が耳自ら聴く可し。我が挙動は、吾が目自ら視る可し。視聴既に心に愧《は》じざれば、則ち人も亦必ず服せん

吾が耳に愧じないことを喋り、我が目に愧じない行動をしたうえで、人を説諭すると、

人はそれを受け入れる。

《耋録#205》
名の求めずして来る者は、実なり。利の貪らずして至る者は、義なり。名利は厭う可きに非ず。但だ求むると貪るとを之れ病と為すのみ
名誉も利益もまったく厭うべきものということではない。人間の本性でもある。貪り求めるようになるとこれはダメで名利病ということになる。

《志録#31》
今人おおむね口に多忙を説く。その為す所を視るに、実事を整頓するもの十に一二、閑事を料理するもの十に八九、又閑事を認めて以て実事と為す。むべなり其の多忙なるや。
志有る者誤って此窠《か》を踏むこと勿れ
忙しい忙しいという人ばかり多いが、本当に実務をやっている人は、2割以下しか居ない。志ある者は気をつけよ。まさに今日の日本に対する警告と思ってしまうほどだ。

この幕末生まれの言志四録も今や古典と言える書籍であるが、やはり世の荒波を掻い潜って今日にまで生き残っている古典には、今の世にパッと出てきた書などには見られない風格がある。身近に置いて、時折繙くのによい。

メリメの3篇

メリメは1803年から1870年までの生涯を、作家、歴史家、考古学者そして官吏として送ったフランス人である。

一番有名なのは中編小説の『カルメン』であろう。

カルメンは、スペインのタバコ工場で働く情熱的・衝動的・魅力的な女性である。ボヘミア人（ロマとも言うし、ジプシーとも呼ばれた）であり、ボヘミアを侮辱したスペイン人女工を口論の末に殺してしまう。その逃亡を助けたのが、スペイン陸軍の騎兵伍長ドン・ホセであり、2人はこの逃亡幇助が糾弾され軍から追放されてしまう。

カルメンとホセは山中に逃げ込み、山賊やら密輸やらで暮らしていくことになる。奔放なカルメンは闘牛士との恋をも新しく始めてしまう。バスク人であるホセはスペイン軍の中での職務で積み重ねてきた実績をすべて放棄させられた今、2人で新天地米国に移住してやり直そうと提案するが、カルメンは「真平御免ここでたくさんさ」と拒絶する。切羽詰まってホセはカルメンを殺害してしまう。

欧州の異質分子ボヘミアの女が、それよりやや異質度の少ないバスクの男に排除されるということで、この時代の欧州におけるスペインの民族構成の複雑さ、下層社会の悲惨さなどを荒涼たる風土を背景に描いた社会性の高い傑作である。ジョルジュ・ビゼーのオペラのほうが小説よりも世界的に知られているが、この作品の社会性の表現は小説において強く、オペラにおいて弱いと言わざるをえない。


2つ目は短編で『エトルリアの壺』である。

このタイトルからだと米国クリーブランド美術館にあるアンリ・マチスの絵画「エトルリアの壺のある室内」を思い浮かべた読者も多いことと思う。観葉植物の多い室内で、机に肘をつきながら女性が1人腰掛けており、横には女性の背丈の半分くらいの高さはありそうな茶色の大壺が台座の上に鎮座している、という構図の絵である。

エトルリアとは、古代ギリシャ時代とローマ時代との間の、前8世紀と前1世紀の間に、イタリア半島で栄えた都市国家群のことだ。またルーブル美術館には現在、エトルリアの壺の間が設けられており、壺はそれ程の価値の美術品のようだ。

小説は、恋愛に遠かった男性・サン・クレールが主人公である。慇懃で他人に心を割らない男は、男同士の友情からもやや遠く、まして恋愛にも、と見られていた。

この男性像とこの作品自体には作者自身とその体験が反映していると考えられている。男性は、いろいろ努力してやっとその理想の女性・公爵夫人マチルドと交際できるようになる。そこへ友人からマチルドに関する噂話が入ってくる。女性の部屋に飾ってあるエトルリアの壺はイタリア旅行から前の恋人が持ち帰ってプレゼントした貴重なもので、ある約束の証拠とされて傍に置いてあるものらしいと……。

男は疑念と嫉妬に苛まれて苦しみ抜く。ついに男は女性に対面して疑点を問い正す。女性はそれを聞き、純愛に対する疑惑の象徴たるエトルリアの壺をただちに割る。しかも粉々に打ち砕く。

女性の純愛は証明され、女性にしっかりと抱きしめられて、男は幸福感に満たされる。だが、ここで男は疑念と嫉妬に悩まされていた当時に、ある男と不注意にも交わしてしまった決闘の約束を思い出す。いくら不注意な愚かな約束であろうとも、決闘の約束は重いものだ。屈辱の平謝りをするとすれば、男はその後まともに生きてはいけない。男は黙って決闘の場に出かけ、銃弾で死んでしまう。女はあとでそれを知って嘆き悲しむが、そのまま1人で家に閉じこもって3年間を過ごしたあと、姪に看取られながら衰弱して亡くなる。

恋人の愛を信じることができず、行きがかりの決闘で命を失う愚かな男。生きるすべを瞬く間に失う女。

人生とはこんなものか。


3つ目の短編小説『マテオ・ファルコネ』はコルシカ島が舞台の厳しい話だ。コルシカの灌木の密林マキは羊飼いたちの故郷だ。何かの犯罪者は逃げ込むとよい。もう逮捕はほぼ不可能だ。マキに隣接する家に住むマテオ・ファルコネは10歳の息子フォルチュナトに留守番をさせて家畜の羊を追いにマキへ入った。

息子が1人で留守番をしているところにマキに隠れていたお尋ね者が町に出たところを警備隊に見つかって逃げ込んできた。息子はお尋ね者を藁の山の中に隠し、上に猫の親子を乗せて匿う。が、息子は結局、追っ手の警備隊長の懐中時計をやるという言葉に釣られて隠し場所を教えてしまう。

お尋ね者が捕まったところにちょうど父が帰ってくる。そして息子の裏切りでお尋ね者が捕まってしまったことを知った父親は、裏切り者は俺の子ではないと言って、知っているありったけの祈禱を唱えさせたあとに銃を取って……という物語。マキに住む無法者たちの固い結束力、裏切り者はたとえ息子でも許さないというまさに厳しい掟・義理人情の世界だ。

父親が絶対視するコルシカの掟の機微を10歳の息子が理解しないからと言って、裏切り者と断じてよいものか、などの意見はあろう。ただキリスト教では、旧約聖書以降父による幼い息子の献呈だとか子殺しとかの伝承はあるようだ。この話もコルシカの地方性のある出来事の上にキリスト教の贖罪原理を重ねて、宗教性のある物語にしたようだ。

何とも厳しい話だが、ひんやりした清冽な冷徹な水を飲んだような読後感でもある。どこの国にもいつの時代にもメリメの愛読者が居るのがわかる気がする。

藤沢周平が亡くなってからもう24年になる。亡くなった当時は、もう新しい作品が世に出ないと思うと残念でたまらず、読み残していた作品を読まずにずっと大切に積んでいた。『回天の門』『義民が駆ける』『喜多川歌麿女絵草紙』『雲奔る』『密謀』『市塵』『白き瓶』『漆の実のみのる国』等々である。その状態が今日まで続いており、じっくりと読める日々が本当にきたので、ゆっくりたっぷり読むつもりだ。

世の中では、『蟬しぐれ』が一番人気の作品らしい。一般の読者から擦れた批評家に至るまで推奨して止《や》むところなし、という状況だ。

時代小説であるにもかかわらず、出だしから西洋近代文学、たとえばスタンダールの正統派という感じで、登場人物である15歳の牧文四郎など数人が青春真只中に居る紹介があり、そしてこれら人間や街を包む自然とか季節とかの本格的描写に移る。そして隣家の娘ふくとの淡い恋の話になり、藩の内紛の責任を取らされた父親の遺骸を乗せた荷車を1人で引く文四郎のところにふくが現れ、一緒に荷車を引く場面となる。

ふくはその後藩主の側室に上がり、時が20年ほど過ぎ去って「お福さま」が尼寺に入る決心をした時、文四郎はお福さまより呼び出され、生涯に一度の逢瀬が行われる。その後の場面の描写。

「顔を上げるとさっきは気づかなかった黒松林の蟬しぐれが、耳を聾するばかりに助左衛門（文四郎）をつつんで来た。蟬の声は、子どもの頃に住んだ矢場町や町のはずれの雑木林を思い出させた」

たしかに蟬しぐれは、普段は聞こえずにいて、意識した時に初めて耳を聾するものだ。静謐な海坂藩にふさわしい物語であり、しかも最後を飾る情景から付けたタイトル『蟬しぐれ』も見事なものであった。

『風の果て』は、同じ頃に藩に入った5人の友人たちがその後どういう人生行路を辿ったかの物語だ。主人公の又左衛門は誠実・清廉な性格ではあるが、部屋住みの身から次第に地位を上げ、権力を手中にしていくからには決して単純な清廉だけのはずはない。そこら辺への作者の光の当て方も絶妙で、人を見る作者の目が精緻で深いのにも感心させられる。30年が経過して、首席家老になった又左衛門と家督を相続できない厄介叔父でいる野瀬市之丞とが決闘をする羽目になるが、とにかく最初の5人の境遇はとんでもなく離れたものになってしまっている。

この『風の果て』は作者の武家物の代表作と言われている。しかし、歴史上に実在した藩や人物や出来事や自然を題材にしているわけではなく、したがって歴史小説ではない。この壮大な人生物語はすべて史実に頼らない作者の想像力の産物なのだ。

しかも登場する武士は、「武士の一分」とか「武士道」とかを言わずに、家を守り暮ら

しを守るのに精一杯だった武士であり、いわば現代社会のサラリーマンの境遇だった。だからこの作品には、作者の14年間の会社勤めの哀歓もたっぷり込められている。

倒れそうな藩の財政再建のための太蔵が原の開拓事業への又左衛門ほかの努力も余すところなく語られる。5人の登場人物それぞれの人生を描き出すにあたっては、作者自身の人生観も社会観も細かく盛り込められている。だから会社員だった私は藤沢周平の作品の中でこれが一番好きで、何回も読んでは感心し、同感しているのである。

『用心棒日月抄』は『孤剣』『刺客』そして『凶刃』と4つの連作ものになっていて、小説を読む愉しみをたっぷりと味わえる。しかも連作が進むにつれて小説の雰囲気が次第に

明るくなっていくのだ。

これ以前の作品である『暗殺の年輪』とか『又蔵の火』などでは作者自身の鬱屈した気持ちがあって、その捌け口が小説になっていたから私小説的時代小説であり、主人公が最後には滅んでいく構成だった。作者が、自らの庶民としての生活を次第に肯定する気持ちになっていった結果だろうと思うが、作風に明るさが出てくるようになったのだ。

この物語の主人公青江又八郎は、江戸では用心棒稼業をして生計を立てている。藩の支援がないからだ。周りは殺伐としているが、又八郎の存在そのものが周囲を明るくしている。また女密偵の佐知が又八郎に影のように寄り添っている。2人は似合いの男女だが、どちらもやたらとストイックだ。佐知は江戸のキャリアウーマンであるが、可憐な女性だ。作者が描く女性像には巷間の人気が高いが、とくにこの佐知の人気は素晴らしいものだ。


やはり時代小説の巨匠である司馬遼太郎と藤沢周平は比較されることも多い。

藤沢周平は、『信長ぎらい』という文章を残している。時代小説の作家として食いはぐれのない格好の材料である信長を最初から拒絶するとは？と思うが、ともかくあれだけ人を殺した人は好きになれないというのだ。

長島一向一揆討伐の際の「男女悉《ことごと》く撫で切りに申付け候」との信長直筆の書簡とか、

無数の降伏者を約束破りで銃撃し川に切り捨てた、などというのは、信長の頭蓋の中の精神の荒涼を映すものだとして、藤沢周平が峻拒する（のはそういう精神の）ように思える。戦争末期に17～18歳で兵卒として軍隊に入った者には、号令をかける人間に対する強い不信感や反発が共通して残るのだろう。

藤沢周平は、表面の穏やかさとは違って、大変に芯が強く、苛烈なところを心に持った人だ。「信長にせよヒットラーにせよポルポトにせよ、無力な者を殺す行為を支える思想、あるいは使命感を持っていたらしいところが厄介だ。権力者にこういう出方をされては、庶民はたまったものではない」と書いている。


それらと比較した場合、司馬遼太郎は伊賀者2人の物語『梟の城』で直木賞を受賞した頃は無名の者を主人公としていたが、まもなく著名な者を主人公とする作品に重心移動し、上からの視点の司馬史観により『坂の上の雲』や『竜馬が行く』ほかの楽天的な幕末・明治初頭を描いた作品が多い。

司馬遼太郎の本は、現実化した歴史の表層のみを追い、権力者の歴史の後追いの、悪く言えば講談本のようになってしまった。もっと民衆レベルの悩み、人生の分岐点・結節点も追い、可能性のままで終わった人生も追いかけ、トルストイの『戦争と平和』のように大河の流れのあちこちをまとめられなければ本当の文学、小説にはならないという厳しい意見も世の中には多いが、私も賛成である。

藤沢周平に一番近いのは、山本周五郎だと思う。山本周五郎のほうが若干粗削りで押しつけがましいと思うが、私はやはり好きでたくさん読んでいる。

江戸城は誰が作ったかと問われて、太田道灌と答えると正解で、大工と左官が作ったと答えると笑われる。が多分、藤沢周平は笑わないだろう。大工と左官の身になって書かれたのが藤沢周平の小説だ、と思っている。


ただここで付言すべきは、世の中には号令をかける人間もたくさん必要であり、その号令のおかげもあって社会は進化してきて今日があるということだ。信長が使命感を持って人を殺したかについてはいろいろな意見はあろうが、信長が使命感を持って中世から近世へと日本を引きずり出したことには世の中に異論はあるまい。

私は、企業経営の中で「情より理をとれ」「大事は理、小事は情」の大切さを十分に経験した。大事を意思決定する際には、情緒的ではなく理性的・合理的に行うべし、ということはどの事例でもまったく正しかった。したがって、藤沢周平も『風の果て』などの大河的小説の中では理性的・合理的な指導者像を描いたのだろう。世間一般の情緒的な人々の流れをもたっぷりと描きながら、である。

第6章

人生の愉しみ

81歳、いよいよ一俗六仙

これまでは、仕事に追われる日々の中でわずかに趣味の世界を愉しんできた。仕事を俗、趣味を仙とすれば、1週間を七俗零仙とか六俗一仙くらいで過ごし、一俗六仙の世界に長いこと憧れてきた。

80歳にして仕事の世界を卒業でき、そしてあっという間に81歳になった今、この世に居る時間がまだ若干はあるだろう、「日残りて暮るるに未だ時あり」と勝手に思うことにしたので、一俗六仙実現の一大機会がいよいよ目の前にきたのである。

零俗七仙とまで言わない理由は、日野原重明先生や神谷美恵子さんの生き方に影響され、ときどきは俗世に戻って、困っている人を助ける仕事をすることを一俗と表現しているからだ。お世話になった社会に少し恩返しをするようなプロジェクトに、私のできる支援をするというようなことだ。

ただし現実にその場面になったとしても、必ずしも現役応援にはならずに、私がただ老人性小言を言うのみとなるおそれも多分にあり、要注意ではある。いつの時代でも老人は若い者に小言を言い、若い者はそれをも聞き流しながら自分たちの考えで物事を進めるのだから、それでいいのだ、とも言える。

「俗」のほうはそういうことだとして、「仙」の方の解説をしよう。読書、スキー、ゴルフ、ハイキング、散歩、入浴、睡眠、瞑想、小唄、三味線、学問の先端調べなどである。

読書が1番目にあるが、これは文句なしの1番目である旨は述べたとおりだ。

散歩については、深大寺・神代植物公園を含めて少し遠くまで歩いたり、千川上水や仙川などに沿って川の中を泳ぐ太った鯉の群れなどを見ながら歩いたりすることが多い。川の汚れが気にはなるが、東京の川なので我慢せねばなるまい。生まれたばかりの子鴨が母鴨と一緒に泳ぐのを見たり、きれいな青いカワセミが小魚を捕らえるのを見たりする機会もままあるのだ。

学問の先端調べとは大げさだが、分子生物学、宇宙・地球物理、自然人類学、文化人類学などの学問の最先端を書籍やウェブ講義や論文などで調べて悦に入ることである。たとえば、人体の中でのコロナウイルスと免疫細胞の戦いの現況の論文を調べてみることなど。太陽系の中でこの地球は今、温暖期のピークを過ぎ、寒冷期・氷期に向かっているわけだが、産業革命以降の人類による温暖化付与の影響度合いが定量的に予見できるものかなど……。

人類学など別分野では、たとえば、モンゴル系民族の流れを調べること。なぜこのテーマかと問われれば、２０１２、２０１６年に訪れたミャンマー国が人類学のミニ愛好者としておもしろかったから触発されたのである。


ミャンマーは、青空、きれいな空気、満天の星、稲作しかも粘り気のあるコメ、仏教、そして草履を履いた細身の人々など「昔の日本」に満ちていた。一般の人は姓名のうち姓はなく名のみで日本の昔の庶民のようであり、さらには、言葉の並びも「私は、東京へ、行く」であって、英語中国語式の「私は、行く、東京へ」ではない。

たくさんの共通点に興奮していた私に、あとで有識者が最近の学説を披露してくれた。

黄河文明以前に稲作を持つ長江文明が中国で栄えたが、やがて古代漢族に追われて、モンゴル系民族は、南はイラワジ河を下りミャンマーへ、東は朝鮮や日本へと流れたそうだ。

どちらもその後も民族が流入し、重層化しているが、ミャンマーと日本はどうやら先祖の一部が共通らしい。自然人類学もおもしろいが、文化人類学もどちらもおもしろいな、と感じたものだ。

睡眠についても述べることにする。「幸福な人生とは何か」で記した睡眠が好きな武士の話に、私は全面的に賛成するものだ。退職して初めて、眠ければ朝何時まで眠ってもよいという身分になったことが何にも増してうれしいのだ。

夜中に目が覚めてしまった時でも、明朝からの仕事を考えてやむなく睡眠薬を飲むなどをしないで済む。夜中に眠れなくとも朝遅く起きることで十分取り戻せるから安心だ。睡眠薬とは頭をボーッとさせる薬だろうから認知症を早く呼び込むと私は考えており、なるべく敬遠したいのだ。とにかく贅沢に眠れることは人生の幸せだと言える。

入浴というのも何とささやかな庶民の幸せだと思われるだろう。いかにもそのとおりなのだが、まだ陽も高い午後3時頃に温泉のような大風呂に毎日入れるというのは幸せでなくて何であろうか？　先頭の常連が毎日一番風呂を競い合うようなことだってやればできるのだ。これは私が今、月の半分を暮らしている高齢健常者自立型マンション（住宅型有料老人ホーム）での風呂のことである。

瞑想についても述べておく。妻は私の瞑想を見て「ただ単にボーッとしているだけよ」と一言の下に切り捨てているが、必ずしもそれだけとは言えない。人生の意味を考えて、「生きがい」と「やりがい」とはどう違うのだろうなどとじっくり考えて瞑想しているのだから。なにしろ考えるということは、人間に与えられた大きな愉しみなのだ。細々《こまごま》した生活の中に居ながら、地球を取り巻く壮大な宇宙につき考えを巡らせたり、はるか彼方の外国に居る肉親や友人に思いをはせたりすることだってできるのだ。

長い間不平を託っていた私にもいよいよ一俗六仙の機会が与えられた。少年のごとくに、この機会を愉しみたいものだ。

「少年の時は当《まさ》に老成の工夫を著すべし。老成の時は当に少年の志気を存すべし（佐藤一斎・言志録＃34）」を実現する時がついにきたのである。

スキーとゴルフは似ている

スキーとゴルフには似たところがある。コースの取り方も、スキー板やゴルフボールの方向やスピードも、全部自分が瞬間ごとに決めており、ほかの誰かのせいにできない。うまくできれば自分の手柄だし、うまくできなければ自分の責任というゲームだ。自己責任を感じながら年齢に合わせて愉しめるという点で、スキーとゴルフは共通であり、気に入っている。

自然の中で愉しむスポーツだというところも気に入っている理由だ。まったくの大自然の中というほどではなく、かなり人の手が加わった自然ではあるものの、人間は生活の場で疲れたあとには自然の場に一旦かえることが必要なのだ。

もう1つ類似点がある。私の場合、どちらも専門家やプロについてきちんと習ったことがなく、全部自己流で通してしまったのだ。この問題については今の私にはかなりの反省がある。スキーもゴルフも、さらに言えば、英会話もパソコンほかのデジタル機器も会計簿記も、私の場合すべて自己流であり、ある段階以上に行こうとした時に基礎がおぼつかないことによる課題が噴出した。やっぱり習い事は若い頃の一時期にきちんとプロ級の人に就いて、基礎と応用の基本を習っておくことが大切だ。とくに今後の生涯学習時代には大切なことになる。


スキーの話に戻る。私の故郷は札幌で、生まれ育った家は円山公園に近い住宅地に今もあり、妹一家が住んでいる。

通った小学校は冬になると土曜午後に体育の時間をまとめ取りして、藻岩山などでスキー授業をしていた。ただ当時の実践教育では「下方に見えるあの旗までとにかく滑って降りること」的なものが多く、子どもたちも自分の持てる技能をフル活用して何とか降りるという具合で、華麗なフォームを教わるというにはほど遠かった。それでも、冬にはスキーをするということが身体に浸み込んでおり、1年に何回か一面の銀世界の中に居たくなる。

50歳台までは滑りも乱暴で、ゴーグルもろとも眼鏡枠が外れ、その眼鏡からレンズまで外れる大転倒をすることまであった。その時に周りの人々が白い雪の中から透明なレンズを探し出してくれた時は、涙が出そうになるくらいありがたかった。

今では流石《さすが》におとなしく滑る。山頂付近の急斜面は、手持ちの減速技術をフル稼働させて滑り、中腹で稍《やや》なだらかな斜面になったところでスピードを出して喜ぶ。

スキーに行きたいために、私は毎週5万歩を歩いて脚を鍛えるというノルマを自分に課している。社用車で通勤をしていた頃は、日によってはクルマから途中で降りて歩き、不足分の歩数を稼ぐなどということをして、運転手からは嫌がられ、妻からは「歩数計の奴隷」と冷やかされるという羽目に陥っていた。今は、手持ち時間も増え、足りない歩数はゴルフに行って補うという裏の手も使いやすくなった。ありがたいことになったものだ。

ゴルフに関しては、まあ何とか皆さんに付き合って回れるという腕前だ。

2020年夏の（東京の）7月は大変な長梅雨であった。8月になったら途端に真夏日の連続となり、熱中症に注意の日々となった。それでも長男の海外赴任への送別だと称して、私、妻と長男とで、真夏日ゴルフをやった。

53歳の長男は元気一杯だったが、妻はハーフで貧血症気味でリタイアし、私はフルに回ったものの後半数ホールはメロメロで、水ばかり飲んでいた。80歳で熱中症や凍傷になるとあとがこわいので、今後はもう少し用心しながら夏冬のゴルフ・スキーの実行・取りやめを決める必要がありそうだ。

案外、ゴルフ場というのは野生動物に会う場所だな、という感想を持っている。これまで、府中カントリークラブでは黒兎のつがい、本厚木カンツリークラブではニホンザルの群れ、青梅ゴルフ倶楽部ではカモシカの親子に出会った。この分なら、タヌキ、アライグマやアナグマなどももちろん居るのだろう。人の作った人工的自然でも、大自然に近いものが得られるという点で、私はうれしくなっている。

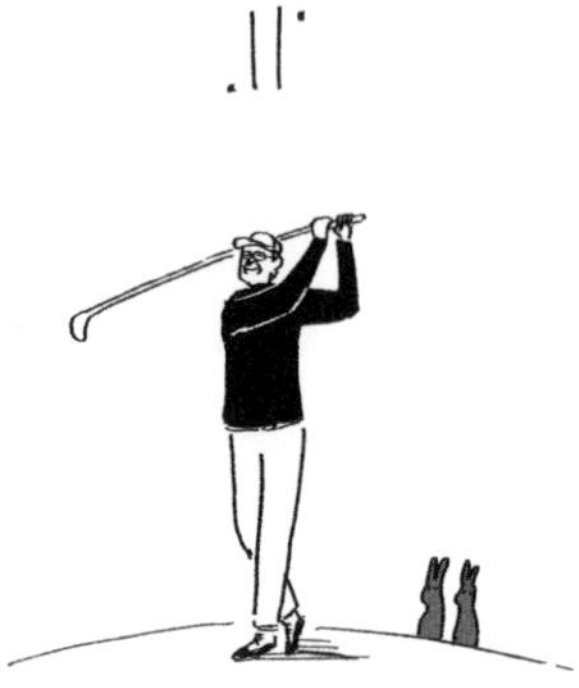

自然にかえる

野生動物と違って、人間は自然への適応能力を次第に弱くしているようだ。

人間は、イトコのチンパンジーと700万年前に分かれ、そして新人類ホモサピエンスが16万年前にアフリカで出現したあとでも、狩猟民としての自然の中での暮らしが長かった。そして1万年前に農業を始め、さらに5000年前に文字を発明して都市化を始めて以来、急速に自然から遠ざかっている。

とくに産業革命以降のこの250年は、指数関数的に自然から遠ざかる速度が増している。これは危ない兆候だと考えて、前世紀の賢人たちの頃から、忠告が出続けている。

都市での人工環境下でのプロジェクトを引き受けるのはよいが、それが完成したあとでは、人は必ず一旦、田舎に戻って晴耕雨読的生活をして寛ぐ、そして近くの大自然をも十分愉しんで、ストレスフリーの状況に戻しておけ、というものだ。山に登って頂から四方を見渡したり、海に遊んだり、草原に寝転んで青空を眺めたりしていると、心の中まで癒やされる。自然の中で16万年もの長きにわたり暮らしていた新人類ホモサピエンスは、疲れた時や辛い時には、自然にかえることで安らぐことが必須になってしまっているという忠告なのである。

文字も5000年前の農耕開始以来の大切な発明であるが、文字ばかりに対していると、疲れを覚えることも多い。文字の歴史が5000年と短いからであろう。話し言葉はネアンデルタール人ではやや不自由だったらしいが、その後のホモサピエンス以降でも16万年の積み上げがある。文字より話し言葉のほうが自然に近いのだ。

企業では、文字利用の文書類よりも、メールから始まるデジタルデータ活用のほうが定着してさらに強力な武器になり、社内外とも連絡はずいぶん迅速でかつ多面的になった。階層も飛び越えて、多様な情報が飛び交う情報爆発の時代になった。

それでも大切な意思決定やその伝達は、やはり今でも人間が顔と顔を突き合わせて、よし、これで行くぞ、いいな！　とやっている。顔を見て、言葉に出して確認をするのである。人類が16万年も続けている言葉による直接伝達は、5000年の歴史の文字使用より安心ができ、ましてここ30年のメール使用よりもはるかに心に届くのである。

もっと自然に近いのは、やはり音楽だろう。歌は動物が普通にやっている唸り、叫びそして鳴き声などから進化したものだろうから、話し言葉よりもさらに昔から人類のものであり、はるかに直截に人の心の琴線に働きかけてくる。幼児が皆歌を好み、外で遊びたがるのも、大自然の中での人類の暮らしという遠い記憶に戻るためなのだ。

人間は、意識をしても無意識的にでも、ときどき自然に戻らなければならない。戻れる自然がいつまでも存続できるようにも努力せねばならない。産業革命以前の自然を取り戻すための新しい社会政策と科学技術開発が要る。

故郷

私には故郷がある。これは素晴らしいことである。東京生まれで今も東京在住の人は盆暮れにも帰っていく故郷がないと言う。やや嘆き口調の人も居れば、なくても構わぬ人も居る。

私は故郷の札幌に帰る時、電車なり自動車なりから藻岩山が見え始めると帰ってきたなとほっとする。高さ531メートルの何ということのない山だけれども、藻岩山を見れば子ども時代18年間住んでいた頃の気分に戻る。石川啄木の「ふるさとの山に向ひて言ふことなし　ふるさとの山はありがたきかな」の和歌のとおりである。市内の高層ホテルに入ったりすると、さらに奥に位置する札幌岳、空沼岳、無意根山や恵庭岳などまで眺望できて、無性にうれしくなる。

大学生の頃には、札幌と大学のある東京とを往復するのは飛行機ではなく列車および青函連絡船であった。貧乏学生だから当然のことである。青函連絡船に乗るのはなぜか夜の場合が多く、畳敷きの船底の大部屋から上がってくると、函館山の灯が見え、ああ北海道へ帰ってきたという気がしみじみ湧いてきた。

当時の北海道では本州のことを内地と呼んでいて、母親は「内地ではもう桜が咲いているのかい？」などと電話で喋ったりしたものだ。

スマートフォンなどない時代の大学寮への電話だ。内地というのは北海道開拓時代の開拓者用語だったのだろう。日本領土の中では歴史の短い地域で、「外地」的だったのだろう。

今は航空機時代になり、青函トンネルもでき、本州と本当につながってしまった感がある。便利ではあるが、いささか情緒に欠ける。だから何とか一度、船で北海道へ渡り、内地から帰ってきたという帰郷気分を再感したいとずっと思っていた。

9年前になるが、下北半島の大間町に行く機会ができたので、仕事が終わったあと函館まで船で渡ろうと決めた。青函連絡船はもう疾《と》うに無くなっており、大間町から函館まで約2時間弱の高速フェリーでの船旅である。カモメが途中まで見送りのように船についてくるのと、津軽海峡の真ん中では波しぶきが窓ガラスに打ちつけてくるのは、連絡船の頃と同じだった。小振りのフェリーなのにあまり揺れもせず、やがて函館山が近づいてきた。やはり船で渡ると、遠い故郷へやっと帰ったという気分になった。

乗船前には、大間町で有名な一本釣りの津軽海峡マグロをもちろん食べていて、幸せ気分は続いていたし、船で海峡を渡って函館山を見て北海道へ渡れたし、万々歳の帰郷となった。


私の故郷たる北海道が1945年8月に南北分割の瀬戸際になったことは前にも述べた。1945年2月、ソ連のクリミア半島のヤルタにて米大統領ルーズベルト、ソ連共産党書記長スターリンと英首相チャーチルとが第2次世界大戦の戦後処理で秘密協定を結んだ。その中で米国は、対独戦終結後3カ月以内にソ連が日ソ不可侵条約を破棄して対日参戦することを条件に、ソ連への南樺太の返還と千島列島の引き渡しを約束した。

当時、日独の敗戦は濃厚になっていたが、日本はそれを認めず抵抗を増大させ、連合国側のソ連の抱き込みや沖縄爆撃、東京ほか本土の爆撃そして広島・長崎の悲劇へとつなげてしまったのであった。国の指導層の意思決定の誤まりにより、日本にとって大変不幸な出来事が連続したのであった。

ソ連は8月9日、満州で参戦し、日本は8月14日にポツダム宣言を受け入れて降伏した。ルーズベルトの急死によって米大統領はトルーマンに交代しており、翌15日に同大統領からソ連に通知された日本降伏手順書では、ソ連への割譲分は満州、北朝鮮、全樺太となっており、ヤルタで同意されたはずの千島列島は入っていなかった。スターリンは千島全島と北海道の北半分をも含むと反論し、トルーマンは北海道の北半分に反対して、米ソ対峙するという状況となった。ソ連は不信感の中で千島全島の武力占拠を決意し実行した。北海道の北半分の武力占拠は実行されなかった。

9月2日に日本は降伏文書に調印し、戦争状態は終結した。
千島や樺太に在住されていた方々にはその後大変なご苦労があったし、また、今に至ってもいるわけで、自分のことばかりを言えないのだが、私は北海道が南北分割されないでよかった、と心から思っている。

後世に何が残るか

私は30歳台までは、電気技師として火力や原子力発電用の大きな電気機械を設計・製造したり、販売したり、次世代機の開発をしたりしていた。

工場で一旦組み立てて工場試運転を行い、性能のかなりの部分の確認をする。全体で数百トンもの物量だから、次に分割をして世界各地へ輸送するだけでも大事業である。やれ臨時の橋や道路を造ろうなどということまで起きたりする。それを現地で据え付け・組み立てし、試運転をし、最終性能を確認してお客様に引き渡す。

発電所は100万キロワットもの電力を送り出す。仕上がりも壮観だし、関係者みんなの達成感も大きい。完成祝賀会では、ここに至るまでのみんなの苦労をねぎらい、これらの世界最新鋭機は未来永劫にこの国のために働き続けると思いながら、盛大に祝杯を挙げたものだ。

ところが、である。40年くらいを経て、自分がまだ会社に居るうちに引退する〝最新鋭機〟が続々と出始めた。人間が会社勤めをする年月より、機械の寿命のほうが短いのか、もっと使えばいいいじゃないか、と昔人間の私が尋ねると、昔の機械は燃費が悪く、最新の環境適合型の高効率機に替えたほうが得、との答えが、今の人からきた。人間と同じく、人間が作ったものには皆、寿命があるのだ。どんなに壮観でも、どんなに当時の最新の科学技術の成果が込められていても、永遠に続くと見えるものでもそうなのだ。

与謝野晶子の書簡の中に「人生に何が残り候やと考へ候へば、はかなきものながら歌のたぐひに候べし」との一文がある。文学では、世の中全体のごく一断面しか取り上げないが、その中に後世にまで残っていくものが出る、と晶子は言う。たしかに晶子の歌を含む世界の文学作品のいくつもは、世の荒波を越えて今日まで生き残り、今後も人口に膾炙し続けるだろう。ここで文学の代表例に晶子を取り上げたのには理由がある。私は与謝野晶子に関心があり、少し調べたことがあるのだ。日露戦争への批判や、当時のスペイン風邪の大流行への政府対応に関し、厳しく批判をしたことに感心もしている。また、私の大学の電気工学科の講義の中で、鳳誠三郎教授が何かの拍子に「与謝野晶子は旧姓鳳晶子で私の叔母です」と話したことも記憶にあった。

後世に残っていくものと言えばもう1つ、もちろん子どもたちだ。私の遺伝子は子どもたち・孫たちをその乗り物としながら、未来永劫に伝わっていく。私の遺伝子は何代かの世代を経過するうちにどんどん薄まるが、それは問題ではない。とんでもない芸術家や大政治家やスポーツマンがそのうちに出る可能性だってあるのだから。

子どもさえしっかり育てば未来は明るいと言える。大切なのは、「ああワタシはこういうことが好きだったのだな」と子どもの好奇心に灯をともすような教育をすること、そして「ああボクってなかなか素敵なやつなのだ」と自分で思えるように育てることだ。

私の会社の創業者は、約110年前に電気機械を自主技術で製造するベンチャー会社を茨城県の山の中で立ち上げた。技術導入ではなく自主技術開発を基盤とするベンチャー会社というところが特徴であったが、もう1つの特徴は技能教育のための学校も同時に立ち上げ、モノ作りとヒト作りを同時に始めたことであった。当時は人力車の時代であり、まずは読み書きから教えなければならず、学校存続にも苦労は絶えなかった。それでも人材教育の大切さへの信念はいささかも揺るがず、それがそのまま社内で伝えられている。

家庭でも企業でも国でも、子どもや若い人さえしっかり育てば未来は明るいのである。

糟糠の妻は堂を下さず

「艱難は能く人の心を堅うす。故に共に艱難を経し者は、交わりを結ぶも亦密《また》にして、竟《つい》に相忘るる能わず。『糟糠《そうこう》の妻は堂を下《おろ》さず』とは、亦此の類《るい》なり。」(『言志四録』晩録#205)
たしかに、苦難の時期に一緒の釜の飯を食べ、苦労を共にした仲間は、仕事にせよ、スポーツにせよ、あるいは勉学にせよ、濃い交流がその後も続き、終生の交わりになることも多い。
人生の伴侶たる妻の場合もまったく同じことだと、この言志四録は言っている。貧乏の中、酒カスやコメのぬかなどひどい食事をし、共に苦労を重ねた妻を、出世してからは表座敷から下げることなく大切にするのだ、というこの有名な文章の元の出処は、紀元後1

世紀の中国にできた後漢書である。

時の皇帝の光武帝は、寡婦になった姉に新しい嫁ぎ先を作ってやろうとして、重臣の宋弘に今の妻を離縁する気持ちがないかという乱暴な話を打診する。皇帝自身も糟糠の妻を軽んじ幾多の妾を持っていたから、気楽に尋ねたのだ。

「世間では、出世できたなら友達を取り換え、金持になれたなら妻を取り換える、そういうものらしいぞ。どうだ？」と皇帝が尋ねた。

それに宋弘が答えて曰く「私は、貧しい頃の友達を出世してからも大事にしています。貧しい時から共に苦労した妻は、金持になってからは表座敷から下げません」と。これを聞いて、皇帝は「これはとても無理だ、この宋弘の件は諦めなさい」と姉に話した、というもの。


この種の話は、中国のみならず、欧米でもタイ・ベトナムなど東南アジアでもとても多い。「糟糠の妻は堂を下さず」の話よりは、「堂より下す」の類の話も多く、今の世界は「緩やかな一夫一婦制か」と思わせられるほどだ。

私は、この重臣宋弘と同じ流儀でずっとやってきた。私は、大学3年時にお茶の水女子大学との10人ほどの合同ハイキングで奥多摩の御前山に登り、同じ歳の桑原祥子に初めて出会ったが、私と祥子とは初めからとにかくよく波長が合った。2人とも世間知らずのいわゆるまじめ学生で、「派手なものが嫌い」とか「自分たちはまだ未熟者なので、学問や社会勉強をよくやろう」とか意見が一致した。

大学を卒業する前には「結婚しよう」と2人の考えは揃ったので、両方の親にも会い、「まず私は、卒業後は日立製作所に入社し、茨城県にある日立工場に赴任する。祥子が2年間の大学院修士課程を経てから、2人は結婚式を挙げ、祥子は日立市に合流する」ということで、両方の両親も了解してくれた。

祥子と私の2人が未知の地で新生活を開始することは、まるで大学出の新人2人で新事業ベンチャー会社の共同運営を開始するようなものだったな、と今は回想している。まったく初めてのことばかりの毎日だったが、若いから何とか頑張れたのだ。

1962年当時の日立は、少し前に創業50年記念式典を終えたばかり。若さの残った会社で、その創業の地である日立工場はエネルギー関連重電機をやりたい私にとって魅力十分であった。愛媛県松山市出身の祥子は、新婚の地が東京ではないことにまったく拘泥せず、結婚後も荒っぽい茨城言葉にもすぐ慣れて、団地型社宅の隣近所にもすっかり溶け込み、元気に毎日を過ごしてくれたので、私は鋭意専心仕事に打ち込めた。

団地型社宅を出て家も建てて、１９６６年に長男、１９６８年に次男が生まれたが、自然が残った田舎で子育てできて本当によかったと思う。私の子どもの頃と同じく、兄弟はザリガニを捕まえたり、崖を登ったり、遊ぶところがふんだんにある幸せな子ども時代を過ごせた。


祥子との〝共同事業会社〟も今や57年が経過した。祥子も昔と体格は変わらないし、今も元気で病気らしい病気もしない。反対に私は、網膜剝離、肺梗塞、甲状腺がんなどで何回も入院した。そしてたとえば、水泳などではとくに差がついてしまった。プールに入って、こちらはやっと６００メートルほど平泳ぎなどで泳ぐところを、あちらは2倍くらいの距離をクロールなどで一気に泳いで、しかも平気なのである。ゴルフやスキーなどはまだ私が優位だがこれも風前の灯。約60年の歳月はすべてを変えてしまうのだ。

祥子は、ずっと長い年月を私と一緒に歩いてきた共同経営者だ。厳しい意思決定をせねばならぬ時もあったが、彼女はその判断もできた。したがって今は、同士、戦友という呼び名が最もふさわしい、という気がしている。

よって私は、「糟糠の妻は堂を下さず」という流派に属する人間である。

一婦一夫制

大阪のおばちゃんのお喋り、いわゆる「しゃべりん」はいっぱしのものだとされている。しかしこれは大阪に限ったことではなく、世界中の女性は喋ることが遺伝子の中に組み込まれているように思える。

やはり原始の時代から、あるいはそのもっと以前の、人類がイトコたるチンパンジーと分かれた700万年前頃からこれは始まっていると思う。女性は木の実などを採取しながら住処の周りで子育てをし、男性は少し遠出をして狩りで獲物を捕り、持ち帰るという暮らしだった。

ヒトは二足歩行で活動範囲を広げ、言語使用も進み、急速にチンパンジーより頭脳が大きくなっていった。現在の数値で言えば、ヒトの脳体積はチンパンジーのそれの約3倍もあるのだ。子どもの出産は、頭が大きくなる前に行わなければならず、新生児はだんだん超未熟児として生まれるようになっていった。だから子育ては大変でかつ長期化し、女性ばかりでなく、男性の大いなる協力を必要とした。これは哺乳動物には比較的少ない事例で、一婦一夫制の起源なのだという。ここでは一婦一夫制と通常とは違う書き方で記しておく。

女性は子どもの状況をいつも観察して不慮の事態を防止せねばならず、他の女性と子育ての情報交換も常時行わなければならず、細かい観察とお喋りに長じてくる。また女性は帰ってきた男性に克明に子どもの状態を報告し、もし病気らしき時には2人で手当てに没頭しなければならぬ。女性は喋りに喋って、腰の重い男性を引っ張って、水を汲みに行かせて、子どもの頭を冷やさせたりせねばならぬ。男性は、狩りの状況の説明も少しはするが、まあ結果としての獲物を見ればわかるでしょ、と多くは語らぬ。語る暇もその気もあまりない。これをホモサピエンスの誕生以来で数えると16万年もやっているわけなので、男女の喋る能力と気力に差が出るはずである。

さてヒトのイトコたるチンパンジーとの比較の話に戻す。

チンパンジーは遺伝子の98・4％（これには異論もある）がヒトと同じであり、ヒトに最も近い種であるにもかかわらず、一婦一夫制などのところは大いにヒトと異なっている。チンパンジーは乱婚で一婦一夫にはほど遠い多夫多妻であるし、雌雄の体格はほぼ同じで雄が大きいことはないし、雌は群れの助けは借りながらだが、3年ほどの授乳期間および閉経期間にほとんど独力で子育てをやり遂げるし、といったところだ。つまりチンパンジーと遺伝子的にはほぼ同様でありながら、脳を約3倍に大きくし、社会性を付け加えたのがヒトなので、その社会性への適合の違いが大いなる差に見えるのであろう。

ヒトは、狩りや採集で得た食料を1人で食べてしまわずに雌や子のために手で持ち帰ることから始めて二足歩行が進んで、樹上生活の多いチンパンジーよりも行動範囲もはるかに広げえたし、他の個体に自己能力をアピールするためにも大いに喋るようになり、脳が大きくなり、言語能力も進化した。またヒトの群れでは、あまりに利己的な個体や暴力的な個体は子孫を残せないという方式で淘汰され、社会生活を行いうる動物という形で進化が進んでいった。
ヒトの男性の役割は結局、遺伝子の多様化に貢献して種の保存の主役たる女性を補佐すること、食料を家に持ち帰ること、外敵と戦うこと、子育てを手伝うこと等々となり、日常全般的には家に君臨する女性の指示にしたがうことに相なった。

この状態が今日の日本にまで継承されている。日本は法治国家として一夫一婦制が敷かれているが、女性が主役で男性がそれを補佐するというホモサピエンスのしきたりを、一部の例外を除いて、伝承してきている。それをここでは「一婦一夫制」と記載したのである。

ここで読者の皆様から大いなる反論が出ると思う。世界を見渡すと現生人類だって、一夫多妻地域もあれば、一妻多夫地域もあれば、なのだから、生物学的に正しい表現をすればどうなのか？　と。

これに答えるなら、チンパンジーや近い種族のボノボでは多夫多妻の乱婚制、オランウータンも緩やかな乱婚制、ゴリラやヒヒは一夫多妻制、ヒトは緩やかな一夫一婦制だということになる。少し細かく言うと、ヒトは４００万年前の原人アウストラロピテクスの時代には脳の容積も小さく、男女の体格差も大きく、一夫多妻に近かったが、ホモサピエンス時代になるにつれて男女の体格差は縮小し、基本的には緩やかな一夫一妻制に移行していった。地域的に一夫多妻形が残ったところはイスラム圏とアフリカの一部である。

イスラム圏では、建国当初の度重なる戦争の結果、寡婦や孤児が増え、その救済と社会的安定のため、4人を平等に処遇するとの条件付きで複数婚を認めた、と言われている。今や、それ以外の地域でも「緩やかな一夫一婦制」と表現される如き結婚生活を送っている者も多くなった。生物学的には、遺伝子の多様性を追求して、種の保存を第一と考える強い本能は、男性にも女性にもあるのだから、当然とも言えそうである。

ホモサピエンスとして、チンパンジーとは異なる社会的生き方を経てきた現生人類は、この生物学的課題に上手な折り合いを付けられるであろうか？

虫の音

私はここ20年間ほど、習い事として、邦楽の1つである小唄を嗜んでいる。その小唄の中に、「虫の音」という秋の曲がある。

〽虫の音を　止めてうれしき　庭伝い
開《あ》くる枝折戸《しおりど》　桐一葉《きりひとは》
ええ　憎らしい　秋の空
月はしょんぼり　雲がくれ

愛しい人に逢うために、そっと庭伝いに忍んで行く。秋の夜に集《すだ》く虫の音を止めてしまったようだが、それでもそっと庭の枝折戸を開けて中へ入ろうとすると桐の葉が1つ、パサリと音をたてて落ちてくる。えー、憎らしい。折角忍び足で行ったのに、桐の葉は大きい音を立てるし、主は不在だし、しかも月まで雲に隠れてしまう。つれない人、つれない秋の空だ、という光景だ。

桐の葉の大きい音はもちろん困るが、虫の音を止めてしまうということまでも心配して忍んで歩いた、ということは、主人公は虫の音を人の言葉を聞くように、左脳つまり言語脳で大切に聴いていることを示している。

それどころか、虫の音だけではなく、日本人は動物の鳴き声も人の泣き・笑い・嘆きも小川のせせらぎも波・風・雨の音もすべて、そして母音もすべて左脳・言語脳・論理脳で聴いているのだ。外国人はどうか？

英米人、欧州人、中国人などは、虫の音以下の音や声を右脳・感覚脳で大まかに捉えるというやり方である。鈴虫、松虫やこおろぎや蟬の鳴き声も、犬猫の鳴き声も、小川のせせらぎも波の音もみんな右脳で処理されており、雑音と同じ扱いになっている。蟬の声をミーンミンミンとかカナカカナなどと注意して聞き分けている民族が居るなどとは考えてもいない。雑音として捉えるからあまり続くと認識しなくなり、「今日は蟬がずいぶん鳴いたね」と日本人が言っても、彼らは「へー、そうだったの？　気がつかなかった」と返事するだけだ。

夕月夜　心もしのに　白露の
置くこの庭に　こおろぎ鳴くも（万葉集）
さまざまの　虫のこゑにも　しられけり
生きとし生ける　ものの思ひは（明治天皇）

こうした和歌にも見られるとおり、日本人は昔から自然の中の一部分としての人間を生きてきた。自然の中の音は排除すべき雑音などではなく、生活の中にある好ましい音だったのである。
日本では、音楽の音も純音のみを尊ばずに、むしろ僅少の雑音を人為的に混ぜて自然音に近づけるということまでやっている。三味線や琵琶などでは、サワリと称して、一の糸（太糸）のみをわずかに棹に接触させ、ビビリ音をわざと出して、二の糸、三の糸とも共鳴させて、複雑な自然音に近い音を追求している。

箏《こと》でも箏爪で弦を擦ったりして、同様のことをめざしている。単純な楽器で複雑微妙な音が出せることを尊び、それができる人を名人と呼んで尊んできた。海外の楽器はどの弦でも純音を尊び、その純音の弦の組み合わせで音楽を高度化する方向だ。三味線も中国から琉球経由で大阪・堺に持ち込まれた時は、純音の楽器だった。堺でサワリが付け加えられ、それが日本中で好まれて広がったのだ。

言語の中の母音と子音についてはどうだろう。

英語系は子音が主体の言語である。だから英語圏の人は、言語を聞いたり話したりする時にも子音に重点を置いた扱いをし、あいうえおの母音のほうは、右脳・感覚脳で大まかに捉えるのみらしい。

日本人のほうは、言語はすべて左脳・論理脳で捉えており、小唄などでも「産み字《うじ》」という名前の母音強調の唄い方までできている。先出の「虫の音」の出だし部分などは、「むしイのオねエを」などと、母音強調言語たる日本語の特徴出しまでするのだ。

このように自然を征服しながら科学・文明を発展させてきたという自負を持つ西欧と、自然と共生しながらその中で生きてきた日本とはその根本において明らかに異なる点がある。とくに産業革命以降の人間による文明の発展が地球そのものの存続を脅かす可能性にまでつながりそうな今日、われわれ日本人が世界に働きかけなければならないことは多くなってきた。

なお、蛇足だが小唄の流派のことを少し。私が所属する小唄派は、大正13年（1924年）すなわち関東大震災が勃発した年の翌年に、池田幸太郎が小唄幸兵衛を名乗って設立した流派。このあと、1924年に舘なかが蓼なかを名乗っての蓼派、1928年に柏原とよが春日とよを名乗っての春日派などと続き、今や総計80数派となっている。小唄派は小唄幸三希代表、幸三卯副代表の下に活動中。小唄は古典芸能を名乗る割には、流派の誕生は遅く、まだ100年ほどの歴史なのである。

春は花

曹洞宗開祖の道元は、13世紀前半の人で、和歌も多く残しているが、その中で日本の四季の情緒を詠ったものに

春は花　夏ほととぎす　秋は月
冬雪冴えて　冷《すず》しかりけり

がある。

これは道元禅師による日本の四季の歌であり、しかもありのままの自然を愛でる心がすなわち禅の悟りにまでつながりうる境地を示す歌として今に伝わっている。ここで花と詠われているのは梅ではなく、もちろん桜の花である。まだソメイヨシノは作られていない

時代だが、今のエドヒガン系の八重桜などはすでに日本のあちこちに咲き誇っていたのである。

それよりさらに以前の平安後期11世紀の女性歌人伊勢大輔が詠んだ「いにしへの　奈良の都の　八重桜　けふ《きょう》九重に　匂ひぬるかな」は百人一首の中の歌としても有名である。これは、宮中に奈良から届けられた八重桜の大枝を見て、藤原道長が伊勢大輔に和歌を求めたのに応じて彼女が即興で詠んだもので、紫式部に続く才女伊勢の面目躍如たるところが窺えるものだ。「かつての奈良の都を偲ばせる豪華な八重桜だが、今の帝の御世にもさらに一層美しく咲き誇っていることよ！」――この当時の桜の名所がそのまま、現在の奈良公園の7000本の山桜・八重桜に、そして3万本と言われる吉野の桜へとつながっている。


現在でも、桜の季節が近づいてくると、桜前線は南から北へ、どこまできたかと日本中がそわそわしてくる。開花予報がいろいろ飛び交い、開花すればしたで、満開過ぎまで雨よ降るな、風よ吹くなと喧《かまびす》しい。この時期に日本を訪れた外国人からは「日本人は全員が詩人になって桜を愛でている」と賞賛とも呆れかえりともつかぬ言葉が出てくる。

これはまさに日本人の情緒性に対する賞賛であり、呆れかえりでもある。それでも日本人は本気で、花の命は短いのだからそれを傷めたりしたらただじゃおかぬ、と思っている。それなのに曳いてきた馬を満開の桜の木の幹に括り付けて、どこかへ行ってしまう無神経な馬子が居る。

〽咲いた桜に　なぜ駒つなぐ
大べらぼうな　心なし
そこでもって　駒が勇めば、
ソンレ、花が散る

と小唄に唄われた風景である。馬が桜見物の人々に驚いて騒ぎ、せっかくの花が散ったり、幹が傷んだりしたらどうしてくれるのだ、と周りがヤキモキしている様子がよく出ている。

さまざまのこと思ひ出す桜かな

という芭蕉の句もある。これは奥の細道の旅に出る1年前に、45歳の芭蕉が、故郷の伊賀の国へ帰って旧主君の屋敷の桜を見て詠んだ句である。

20年ぶりの故郷での満開の桜により、忘れかけていた昔のことをも思い出し、芭蕉はこの一見平凡な句に万感の思いを込めたのであろう。

桜の散り際は、やはり人に死のみぎわを思い起こさせる。花の命が短いだけなおさらである。

「散る桜　残る桜も　散る桜」の句は、「散るもみぢ　残るもみぢも　散るもみぢ」となって目にとまることもある。紅葉は桜よりはきれいな期間は長いけれど、どちらもはかない命であることに変わりはないのだ。

小中学生の頃

私が小学校に入学したのは、第2次大戦の敗戦の翌年1946年のことだ。

私は、父母、祖父、子ども3人で北海道札幌市の比較的中心部の一軒家に暮らしていた。戦時中には米軍の空襲で市の郊外に被害が出たこともあるが、米空軍機はほとんど札幌を素通りして東京などに向かったので、札幌中心部はそのまま残され、戦争に負けてすべてを失ったという悲壮感はそれほどなかった気がする。戦争が終わり、さあ復興に乗り出すぞとの周囲の大人たちの意気込みも子どもたちに伝わり、貧乏だったが気分は明るく前向きだった。

全員が等しく貧乏だというのは、全員が等しく前向きになれるものなのだ。私たち新入生も所々を墨で消した教科書を大声で読み、学校生活にもすぐに馴染んだ。その頃は、春告げ魚のニシンが大豊漁で、小樽近郊の漁場から札幌まで軽トラックに満載して、漁師たちが直売にきていた。その後長期間、ニシンの豊漁は途絶えていたが最近は60年ぶりの豊漁に戻り、海が乳白色に染まる群来《くき》が日本海側でも復活してきたようで喜ばしい。資源回復への地道な科学的な取り組みが功を奏し始めたようだ。

昔の春先の札幌の話に戻る。暖房用石炭ストーブの煤《すす》で街の空が黒く汚れる冬は終わり、青空が戻って山桜が可憐な花をひらく春がやっとやってきた。染井吉野の桜は、北海道では寒さの関係で南の端に限られ、ほとんどは野生のままの山桜だが、それでもその美しさには子どもたちまで見惚れたことであった。

連合国による占領が終わり、日本が独立を回復した1952年に私は中学生になった。思い出してみると、その前年に小学校の修学旅行で登別温泉、支笏湖、洞爺湖、昭和新山などに出かけたが、洞爺湖畔でラジオの大音響が「ただいまサンフランシスコにて吉田茂首相とアイゼンハウアー大統領が署名を終えました。日本は連合国による占領状態から独立国に復帰したのです」と放送していて、私たち小学生も「ハーン、そういうものか！」と安心をしたのを思い出す。

中学校は北海道学芸大附属中学で、私は小学校から上がっただけだが、市内の他小学校から試験を経て編入してきた新しい仲間が増え、雰囲気は一変した。外からの人が授業でも遠足でも海辺キャンプでも新しい知識・新しいアイデアをもたらし、教室の雰囲気が一変したのだ。後年、企業においてまず多様性を導入して組織をゆさぶり、その後の企業改革につなげるということを何回か行ったが、この中学1年生の時の原体験が後押ししてくれたのは間違いない。

夏休みのサマーキャンプなども大がかりに開催されるようになり、3泊4日のスケジュールで積丹半島の忍路湾《おしょろ》などに出かけた。男子も女子も腕の立つものはここぞとばかり泳ぎまくった。湾の向こう側にある兜岩《かぶといわ》が格好の目標点であった。もちろん、遠泳に疲れた子の面倒を見るボートが並走するのだが、それもほとんどは子どもたちだけで担当していた。現在だったらとても実行できない形で、本当によい時代だった。水泳事故もまったく起きず、かつそれが当たり前と子どもたちみんなも思っていた。

ただし、別の事件は起きた。湾の岩場で少し潜ると鮑やツブ貝がたくさん居るのに気づき、男子数人で夢中で採りまくっていると、地元の漁師たちがやってきて「そこは養殖場だ。けしからん。組合さ、来《こ》」と大声でどなられ、びっくり仰天した。日焼けした漁師の怒鳴り声は迫力満点で、それから漁業組合の建物に連れていかれ、たっぷり油を絞られたが、やがて事態を知った先生方が駆けつけて、半ベソの男の子たちを無事救出してくれた。

こうした活動の一方で、中学時代は読書量も爆発的に増えた。『宝島』『トム・ソーヤーの冒険』『海底二万里』『シートン動物記』など筋書きのおもしろいものから出発し、山本有三や佐藤紅緑、下村湖人そしてヘルマン・ヘッセなどに至るまで幅を広げた。

学校で勉強した万葉集にも感動した。春まだ浅い時季、学校帰りに友達と藻岩山などに寄り道すると、雪解け水が勢いよく流れる傍らで、ゼンマイがこれまた元気よく成長を始めている。

石走る　垂水の上の　早蕨の
萌え出づる　春になりにけるかも

という万葉の唄は、こんな光景に感動したのだろうと、仲間と一緒に感じ入ったものだ。雪が解けていよいよ春が来るという胸の高まりもあったし、また１５００年も前の万葉の人と心が通じ合えたようなといううれしさもあった。

中学校の仲間とは、今も毎年１回「札幌附属中学東京同期会」を続けている。皆、素直に加齢を続けているが、顔を合わせると、ただちに心があの時代に逆戻りして、何事にも感動して弾むようだった童心がよみがえってくる。

住む家が小さくなる

社会人になった最初の頃は、会社の独身寮や新婚者用集合社宅などに暮らしていたので、家の新築をあまり意識しないでいた。

初めて自分の家を新築したのは30歳の時、長男が3歳、次男が1歳の時で、場所は茨城県日立市の高台であった。自宅の庭からとはいかなかったが、家の近くには太平洋を広く見渡せる場所があり、そこから見る日の出はなかなかのものであった。

そういえば米国、ソ連や中国などの内陸部から日立工場を訪問した顧客なども、太平洋の広さと日の出の素晴らしさの両方に驚嘆していたものだ。

当時は、池田内閣の所得倍増のスローガンの下、日本全体が高度成長の真只中におり、私の年齢でも会社の低金利の住宅融資を受けて、１００坪の土地も買えるし35坪の家の新築もできた。よい時代だったとしか言いようがない。またこの家は私の建てた3つの家の中では最も広い家だったので、2人の男の子を育てるにはちょうどよかった。

43歳の時に東京勤務となり、45歳の時に東京の吉祥寺で2軒目の家を建てた。この頃1984年は高度成長の終盤期で、金融バブルの気配が見え始めた頃であった。日立市の家を売却しても東京の土地の手配の資金には到底届かず、ほかに苦労してやっと約60坪の土地を手当てした。課長とか副部長とかの役職だったので、それしかできなかった。

この狭い家では、家全体の水平移動も含めて小刻みな改造を何回もやり、約30年住んだ。途中で4年間ほど日立市に戻り、日立工場長などをやってまた東京へ戻るということもあった。この吉祥寺の家は狭かったが、小さいながら庭もあり、キュウリ、ナスやダイコンなどの栽培もできた。杏の木に付けた巣箱には四十雀《しじゅうから》が営巣し、子育てし、6羽の雛が巣立ちして、妻は動画を撮り投稿したりして喜んでいた。一軒家のよいところはこういうこともできることだ。

この頃には、新聞記者の人たちがときどきこの家を訪問したが、皆この小さい家には驚いている様子だった。そのうちの1人が、「日立の会長なのに小さい家ですね」と率直過ぎる感想を私に漏らしたこともあるくらいだ。

私は、大きな家に住み替えることも考えてみた。東京から少し離れたところで、池があり立木の多い庭があって、小さい畑もできるという条件で考え始めたら、妻から強硬な反対意見が出た。

「そんな広い家や庭にして誰がお掃除やメンテナンスをするの？　日本はインドネシアや南アフリカではないのよ」とのこと。以前にこれらの国に出張した時、公式のパーテイなどのため妻も同行したのだが、日立の現地支店長秘書などの女性たちと話して妻がびっくりしたことがあったのだ。会長のお宅では召使は何人くらいでやっているのですか？　と質問され、妻は私が1人で全部やっているのよと答えて、全員が驚いてしまったというもの。

料理も洗濯も掃除も何もかも、全部奥さんが1人でやるのだ、という説明に対して、彼女たちの家では門番から始まって、男の召使、女の召使が何人も居るとの解説があった由。妻の感想は「戦後の日本は本当に民主社会制の平等国家になったのね。途上国は皆、戦前の日本だわ」であった。

妻の意見は要するに、狭い家で結構、広い家は真平御免、子どもも独立したし、この辺で夫婦2人のマンション暮らし、集合住宅暮らしをも検討しようということだった。

一軒家暮らしには集合住宅暮らしのちょっとした息苦しさはないのだが、夏の暑さと冬の寒さでは集合住宅に劣るからだ。やはり私たち夫婦も歳をとったということなのだ。

吉祥寺の自宅から近くて、30分程度で移動できる場所に、高齢健常者自立型マンションなるものができたので、さっそく見学に行き、気に入ったのでそのまま申し込みをして、「半入居」することに決めた。毎週、半分は自宅暮らし、残り半分は高齢者マンション暮らしということにして、5年になるところだ。

マンションは、概略数で総勢300人、1人入居者200人で夫婦2人入居50組、男性90人で女性210人、平均年齢82歳、90歳台以上が40人という構成である。70歳台だとお若いですねえと言われる世界だ。

私たち夫婦は2人とも81歳でほぼ平均年齢のところに居る。食事は自室でも作れるし、レストラン利用もでき、風呂は自室でも共同の大風呂でも利用できる。大風呂でまだ陽の高い夕方に利用すると温泉に出かけた気分も味わえる。

6階の部屋や建物の屋上からは、丹沢山塊の向こうに富士山が遠望でき、月や星もよく見えて、気分のよいことこの上もない。ほかの設備も充実していて、女性が3分の2の集団暮らしのちょっとした息苦しさも相当に緩和される雰囲気だ。ということで高齢者マンションは気に入っている。さらに高齢になり、要介護状態に進んだら別設の介護付き設備に移住する仕組みだ。

毎週の残り半分を暮らす吉祥寺の自宅のほうも全面的に建て替えをした。二所帯住宅とし、2階には長男一家が住むことにして、老夫婦が居ない週半分も含めた全般管理を頼んだ。一戸建てとして3回目の新築である。夏の涼しさ・冬の暖かさは大きく改善されているが、やはりマンションの大型建築による涼しさ・暖かさには及ばない。やむをえないところであろう。


以上、私は一軒家を3回新築し、最後に集合住宅にも住むことになった。もっと大きな庭付きの大邸宅の夢は、妻の「誰がお掃除するの？」という意見の前に潰えたままである。

考えてみると、若い頃の家が一番大きくて、年齢が進むに連れて、住む家がだんだん小さくなっていった。まるで鴨長明が『方丈記』で記しているのと同じ現象だ。長明の場合は最後が一丈四方（約9平方メートル）となったのだが、こちらはそこまでにはならないだろうが……。

男と女の生まれつき

地球が誕生したのは46億年前。その後の生物史上の大進化は、3つある。

第1は、38億年前の生命の誕生。長い間、岩石だけだった地球に原始の海ができ、さまざまな物理化学条件が揃い、物質つまり元素の適切な組み合わせが整って、おそらく雷や紫外線の助けもあって、バクテリア等の単細胞生命が誕生した。

無生物・物質のみの世界に生物が誕生したのだ。まさに奇跡である。人間が生涯の最期に死を迎えて、生物からまた物質・元素に戻っていくのも自然なことと思えてくる。生物系統発生滅亡の長い歴史をヒトの短い一生の中で繰り返すものなのだから。

第2の大進化は、海中の藍藻植物をはじめとする植物群が32億年前から光合成を始めたことだ。これにより大気中に酸素が放出・蓄積され始めて、生物界は窒素生物から酸素生物へと一大転換を行うことができた。

第3の大進化が、本節の主題の雌雄分化であり、10億年前からこの分化は始まっている。それまでの単細胞生物の細胞分裂によるコピー増殖方式の問題点――すなわち遺伝子的弱点が子孫にずっと引き継がれて環境大変化などに打ち勝てずに種が絶滅することを防ぐ方向に生物が進化したのだ。雌の遺伝子のみで単性生殖してきたところに新しく雄の遺伝子を巻き込み、遺伝子の多様化によって環境変化への適応可能性が増してきたのだ。


それでは、生物の基本事項たる種の保存と発展に関して、雌と雄という2つの性はそれぞれどういう役割を果たしているのか？

結論を先に言うと、雌だけでの単性生殖でも種の保存は平常時には可能ではあるが、地球環境の大変化などに遭遇した際には、多様な遺伝子を組み合わせることができる雌雄分化・両性生殖でなければ種が保存できない場合が出てくる。現に7万年前に地球を襲った最終氷期の時代には人類が全地球上で1万人弱になるまで減少はしたものの、何とか絶滅せずに踏みとどまった。これは、両性生殖による遺伝子の多様化のおかげもある、ということになっている。

ここで重要なことは子どもを産む女性が人間の原型だ、ということ。男性はそれを助ける補佐役、付け人となる。女性は、基本的な遺伝子の安定性を保つ役割であり、男性はそこに変異体の遺伝子を持ち込むことで、遺伝子への変化を付ける役割であり、人類の絶滅を防ぐ役割である。アミダくじで言えば、女はタテ糸であり、男はヨコ糸で、タテ糸の作る堅固な方向性に対して、変化を付け加える役割である。

発生学的に人間を見ると、子どもを産む性である女性が人間の原型だ。人間の染色体は46個でできているが、そのうち2つが性染色体であり、女ではXXとなっており、男ではXYとなっている。受精前の減数分裂にて卵子はXだけを持つが、精子はYを持つY精子とXを持つX精子との2種類となり、卵子が最初にどちらの種類の精子と出会うかにより、受精卵の遺伝的性別が異なってくる。

XYとなれば遺伝的男性、XXを持てば遺伝的女性となる。前者では、母親の体の中の受精卵は、Y遺伝子の指令に基づいてまず男性ホルモンを作る臓器、つまりこう丸を作る。この小さいこう丸で徐々に男性ホルモンを作り始め、男のほうへの分化が進み、男性性器ができる、という具合で男に変化する。後者では母親の受精卵の中にて子宮ができ、卵巣ができ、子どもを産む体になっていく。

Y染色体というインパクトが入ると男に変化していくわけだが、遺伝的な性が定まってもその後の性腺の分化や内性器・外性器への分化、さらに脳の分化などの過程での男性ホルモン（テストステロン）等の働きいかんでは原型たる女性型の方向に戻っていく例も出てくる。その子は、母親の胎内に居る間また出生後においても女性型の性行動を取る。これが性同一性障害の典型例である。女という原型から男に変わっていく過程でそれを推進する駆動力が弱い場合には、女と男の中間でとどまったり、場合によっては、元の女に戻ったりさえするのだ。

つまり遺伝的女性というのは断固として女性として生まれてもくるし育ちもするのだが、遺伝的男性からは実に多種多様な男性が生まれてもくるし、育ちもする。生まれた時の外性器の形状で、性別は定められてしまうから、あとになって修正が要るというケースだって出てきうるのだ。世の人々はこれを十分認識せねばならない。

無性生殖から有性生殖に切り替えを敢行した動物や植物にとっては、この多種多様の男性は予想の範囲内の出来事ではある。

もともと有性生殖では、男性は変異体の遺伝子を持ち込む役割があり、女性は遺伝子の安定性を保つ役割があるのだ。そうできれば、地球環境の大幅変化などの折にも耐性のある子孫・個性のある子孫を残しておいて、種としての生き残りを図り、全滅を避けることができるのだから。

男と女の違い

男と女の違いについて、生物進化の観点からもう少し考えてみたい。

大きい違いと言えば、女が外見的・肉体的に幼形をかなり残していることと男が精神的にやや幼形・幼児性を残していることであろう。

女は、体が男より小さく、柔らかくて、筋肉質ではなくゴツゴツしてはいなく、体毛も薄く、声も子どもの声に近い。また女性のほうが男性より泣きやすいことも特徴だ。これは人間の赤ん坊と同じに見えるが、実は違う。女性のほうは、感情表現のために泣くのであり、これは論理的な理解と感情的反応とが男性よりも強くつながりやすいためのようだ。

論理脳である左脳と感情・直感脳である右脳との接続部たる脳梁が男性のそれより太く、女性は理屈で理解できた事柄に早く強く感情反応できるからであろう。一方の赤ん坊は、母親を呼ぶため、注意喚起するために泣くのだ。母親の体毛をいつも手で確《しっか》りと摑んで母親に密着しているチンパンジーの仔は、泣く必要がない。チンパンジーほか類人猿は全般的に泣くことはない、涙は流さないと言われている。

脳梁の太さの違いは、お喋りやコミュニケーション能力にも大いに影響するが、女性がここに秀でているのは先に述べた。

体が幼形ということは、女は長生きということにもつながる。人間が死ぬ時には体は硬直化するし、死ぬ以前にも体は老化して柔らかさを失い、筋が出てきて全体もガチガチと硬くなってくる。体が硬いほうが死に近い。すなわち体の柔らかい女のほうがもともと死から遠く、寿命が長いし、体の硬い男のほうは寿命が短いのだ。


雄が雌よりも筋力が強くなるのは、雌の獲得競争をする動物では一般的なことだ。これは、一婦一夫を主とする人間よりも一夫多妻のゴリラのような種に強く表れる。人間は原人と呼ばれた時代、100万年前から一婦一夫制を基本としてきたが、それでも、肉体的に強い男のほうが活力・戦闘力が高く、女を引き付けるうえで有利であった。性選択つまり配偶者選択の過程で、人間の男は肉体的特徴を高めていったと考えられる。

筋肉増強の男性ホルモンたるテストステロンは、ヒゲなどの体毛の濃さと併せて、乱暴さ、無鉄砲、いたずら好きの性格なども男に与えてきたのだ。

一方で、男は精神的に女より幼稚だということはときどき指摘される。女は、中学生でも高校生でも同じ年頃の男の子よりはるかに大人だということもしばしば目にすることだ。女は子どもを育てる必要性から慎重さや計画性がより多く求められ、精神的成熟を高めていった、と考えられる。

加えて、人間は社会性を増し、チンパンジーの約3倍もの脳体積を持つように進化したため、やむなく子どもを超未熟児として早く産まねばならず、はるかに長い親の庇護期間が要ることも、この男と女の問題に大きい影響を与えている。チンパンジーでは約3年の庇護期間だが、人間では少なくとも12年ほどは必要となる。人間の女は、長い期間の保育のことを考え配偶者の選択にも慎重だし、毎日の生活にも計画性を持たせる必要が出てくる。

現代においても、女は肉体的に、男は精神的に、幼形・幼児性を残しているように見えるのは、性選択や生存の必要性から、女は慎重さと計画性を、男は筋肉の強さという特徴を発達させてきた結果なのだ。思慮不足から強敵に立ち向かって死ぬようなことが多くても、首尾よく生き残れば女性に選ばれる確率が高まる、そのような理由で、世の男たちは、幼稚とも見えなくはない勇敢さを温存してきたのだろう。

今の時代、100万年も続いてきたこれらの趨勢に変化が出つつあるかも、と思わされることが続いている。家庭のリーダー役はとうの昔に女性の手に渡っているようだが、企業や地域・地方・国などの共同体のリーダーも女性である例が増加しつつある。新型コロナウイルス感染症対策などの難事業で成果を出しているドイツ、ニュージーランドや台湾などの国や共同体リーダーにはメルケルさん、アーダーンさん、蔡さんなど女性も多い。

女性は、子どもを産むというところにおいては未来永劫変わらぬ存在なのだろうが、その後の保育や社会を支える仕事全般に関しては、女性・男性の差をなしとしたほうがよい時代、そしてそれができる時代に入ってきた、と考える。

もしかしたら類人猿のうちの最も進化したものであるボノボの共同体、すなわち、雌が雄より強くて、雄同士でも内部派閥も作らず喧嘩もしない平和な共同体、隣の群れとも滅多に争いをしない共同体が、人間がこの次にめざすべき姿かもしれないのだ。われわれ現代人類は、アフリカのコンゴ民主共和国の密林に出かけて、勉強すべき時代がきているのかもしれない。

日本は侵略戦争をしない平和国家として生きることを憲法に定め、敗戦後75年間にわたりその姿勢を貫いてきた。スイスの永世中立やスウェーデンの２００年間には及ばないが、敗戦後の日本国民はこの平和国家としての生き方を未来永劫のものにしたいと考えている様子だ。その場合には、日本が侵略戦争を仕掛けないばかりではなく、他国から仕掛けることができにくいように対策しておく必要がある。
日本は武力によらずにこれを達成せねばならないから、従来以上の国際経済関係構築に加えて、国際統合・統治の進化に貢献する国家にならなければならない。加えて友好国との安全保障体制を現状よりもさらに強化しておくことが必須となる。

日本人が国際会議や国際交流の立役者になり、また組織のあちこちに実務者としてかかわるようになり、やはり日本人抜きでは国際組織・国際会議・国際イベントは成り立たないわ、と言われるくらいにするためには何が必要か？

第1には、少なくとも若年・壮年の間は海外の企業やら公的機関で働くという意識の日本人を増やすことだ。今の日本では、企業においても、官庁においても、終身雇用・年功序列の人事体系が大きく変革される最中にある。かつ、組織内からの派遣で海外に出た人々が経験を積んだあとで国内に戻ってくる、そしてその人々が核となって海外人材をも日本へ連れてきたりして、組織全体の国際化を少しずつ進めている段階でもある。

第2には、海外での勤務のための基礎として日本人の語学能力を向上させる必要がある。語学はやはり若い頃にみっちりやる仕組みが必要だ。日本で高校・大学までを終えるつもりの人は、意識して英語の自習をすることが必要だ。中国語だろうという人もあろうが、私は中国はまだ国家として一波乱あると考えている。政治経済のみならず文化・学術・芸術そしてありとあらゆる草の根交流を含めて考えると、国際共通語は今後とも英語が主流であり続けると思っている。


私自身は、時折の海外出張や海外顧客対応の中で、テープレコーダー英会話練習に励み、1965年頃、英検1級を取得した。2006年、67歳になった頃に、TOEICという国際試験があり、社内には９００点級がぞろぞろ居ますと言われ、一念発起して受けてみたが８７０点止まりだった。やはり若い頃に海外に暮らしたことがないのが影響していると自分では思っている。

まだ自覚の浅い高校生・大学生の意識を改革するには、強制的な「途上国式英語学習」がよいだろう。化学も物理も歴史も哲学も英米人の教師から英語の教科書で教わる方式で、質疑や宿題も英語でやる。途上国では母国語の教科書がないためやむなくやっている方式だが、しかし成果は素晴らしく、国際組織の中での途上国の人々の活躍は大きい。


今は自動翻訳機の進歩も素晴らしい。スマートフォンで英語はもちろん、それ以外でも何カ国語にも対応できる。同時通訳とはいかなくて、多少は逐語通訳方式となるが、それでも十分に実用化レベルにまで向上してきた。

パソコン等でのオンライン討論に関しては、世界中でそれを実用しながらその問題点摘出をして、レベルアップを図っている最中だが、各種自動翻訳機でも種々の国際的取り組みをして機器の性能向上をし実用化を早めたいものである。

ただ私としては、人と人との意思疎通には直接会話は最終的に必須と思っている。自動翻訳機が性能向上しても、顔を突き合わせての会話の重要性はいつまでも続くだろう。

吉田寅次郎と車寅次郎

山田洋次監督、渥美清主演の『男はつらいよ』シリーズは私の好きな映画であり、今でも時折テレビ放映などで見直してはそのセリフやタンカ、そして表情や場面の描写に感心したり、残念がったりしている。

たとえば1つ。自分で意思決定しながら人生の方向付けをしていく人間になることの大切さを、それができない代表格である寅さん自身が甥の満男に説教する場面のおかしさなどである。

寅さんは甥の満男に聞く。「お前は大学に行こうとしている。何をするために大学まで行くのか？」。満男は答えられない。寅さんは諭す。「あのなあ、道が二股に分かれていて、どちらが正しい道かわからない。そんな時自分の頭で考えて、こちらに行くべき、と自分で決められるように、大学で学ぶのだ」

寅さんは自分で意思決定ができ、人生の方向付けができる人間になることの大切さを知っていた。寅さん自身は、道が分岐するところへくると、鉛筆を倒して行く先を決める「風任せ人間」であったにもかかわらず、だ。満男ばかりでなく、今の大学生に聞いても満足な考えを言う者は案外少ないかもしれない。

寅さんが1人で、または、マドンナと称する相手女優と組んで、女性に対する日本の男の愛情告白の下手さ加減を痛烈批判する場面がいくつも出てくるのもおもしろい。男のくせに何だ、もっときちんと自分の言いたいことを相手の女性に伝えなさいよ、というわけだ。

寅さん自身の愛情告白場面では、必ずへなへなと腰砕けになるにもかかわらず、である。

最多出場5回のマドンナは浅丘ルリ子で、役は旅回りの歌手リリーである。たいした稼ぎもなく、客にしつこくからまれたりしながら、日本中を回っている。いつもどこか淋しそうであり、少し突っ張っている。寅さんとリリーは似た者同士というのか、抜群に息の合ったやりとりができる。第15作『寅次郎相合い傘』では、会社での課長職に疲れて北海道まで逃げ出してきた中年男・船越英二の、何十年ぶりの恋人同士のごく短いめぐり逢いを、2人で手助けして成就させたりする。ちょっとした至福の瞬間であり、人間はこんな一瞬のために生きていると言わんばかりの生きがい感も得られるシーンだ。

この場面の少し前に、寅さんとリリーがサクラとなり、船越英二に街角でのガセネタ万年筆売りをやらせる場面もおかしかった。高度成長期以前には、工場が火事になり、倒産した会社が消火の水を浴びた高級万年筆を格安で売らせる、という名目のテキ屋の街角叩き売りをときどき見かけていたからだ。貧乏だった昔の日本を思い出させる場面で、懐かしかったのである。


第25作の『寅次郎ハイビスカスの花』は、さすらいの歌姫リリーが旅先の沖縄で倒れ、寅さんが飛行機恐怖症にもかかわらず、沖縄へ出かけて看病する話だ。元気になったリリーは、寅さんと一緒になってもよいと思い始めるが、そうなると今度は寅さんのほうが及び腰になり、これも成就しない。

寅は、その職業が胡散臭いと皆から思われているお喋りの独身のテキ屋なのに実際は極めて道徳的であり、恋の真情を語る段になると何も喋れなくなってしまう。儒教に浸かった明治あるいはそれ以前の男のようなその姿は、同じ名前の吉田松陰こと吉田寅次郎さえをも思い出させたりする。たしかに吉田寅次郎と車寅次郎とでは、まったく異なる生涯だが、It's tough to be a man（＝男はつらいよ）と言いたい場面はそれぞれに出てきたようだから、2人を並べるのもまったくの見当違いとも言えまい。

もし私が若い頃の寅さんに逢えていたら、きっと言っただろうと思う。

日本人にとって、「引き下がる力」も大切だが、「引き受ける力」を発揮して、本当の機会をちゃんと摑まえるのも人生にとって大切なことだ、と。たとえ、思ったほどの成果は出てこずありきたりの結末になったとしても、あそこでどうして一歩踏み出さなかったのか、という後悔の中で一生を終えるよりはずっとよいのだから。

そしてまた、もし松陰・吉田寅次郎に逢えたら、たった1年間の松下村塾でのふれあいだけであれだけの引き受ける力に溢れた維新の人材群を輩出させるなんて、素晴らしい指導力だ、と心底から讃えまくるだろう。

寅
次
郎
it's tough to be a man

第 7 章

次の世界を思う

数寄屋橋と日本の戦後

1987年頃、私は発電所用の重電機器を諸国に輸出する仕事をしていた。

フィリピンに石炭火力発電所を作る話があり、その融資の関連で来日した同国の銀行家と折衝をした。何とか友好裡に話がまとまり、お互いがほっとした頃合いに、その銀行家が昔話を始めた。

「私は、1945年9月の数寄屋橋から見た東京の景色を知っているのです。3月の東京大空襲に続く8月の無条件降伏で、9月の東京はまだ壮絶な焼け野原のままでした。私はまだ子どもでしたが、戦争に負けたあとの国を見ておけ、ということだったのでしょう、父親が私も連れて東京にきていたのです。

数寄屋橋のところで、父親は一面の焼け野原を見渡しながら、この国はあと50年での回復は無理だな、もしかしたら100年くらいかかるかもしれない、と言ったのを、私は今でもはっきりと覚えています。
それが何と、はやばやと復興を成し遂げ、今や世界第2の経済大国にまで成長しているのです。一方のフィリピンはまだ停滞したままです。国を立て直そうという日本人の熱意とその実行力には感心するばかりです」

たしかに日本は、敗戦後すぐから国を挙げて復興に邁進し、1956年には経済白書の中で「もはや戦後ではない」と記述するほどの成果も出した。敗戦後10年目の1955年の1人当たり実質国民総生産が戦前の1934〜1936年の平均値を超えたのだ。これはまた、日本経済は戦争のため20年間もの長きにわたり足踏みせざるをえなかったということを示してもいる。

1955年から高度経済成長が始まり、冷蔵庫・洗濯機・白黒テレビが三種の神器と呼ばれて、耐久消費財ブームが幕開けした。技術革新により経済自立をめざす国民の努力と、所得分配の相対的な平等化への政治努力などが生んだ成果であった。
1956年には、鳩山首相は北方領土問題と日ソ平和条約の締結を棚上げしたまま「日ソ共同宣言」に調印し、日ソの戦争状態は終了し、これにより年末には日本の国連加盟が実現した。これはその後の日本の国際化への大きな推進力となった。

１９６０年7月に岸内閣に代わって登場した池田内閣では、政策の目玉は「国民所得倍増計画」であった。池田勇人首相は独特のダミ声で、「10年間で月給が2倍になる」と国民にアピールし、経済政策をもって国民意識の統合を実現せんとした。

現実に１９６１年から１９７０年までの経済成長は年率平均10・9％と想定値7・2％を上回り、また国民1人当たりの消費支出は2・3倍となり、「東洋の奇跡」と呼ばれたほどであった。

私は１９６2年から日立の日立工場で働いていたが、数年間連続で大幅な報酬増があり、冷蔵庫等大型家電品はもちろん、自家用車の割賦購入、果ては家の新築まで始めうるなど従業員も大変な勢いがあったものだ。今思い出しても懐かしいが、これを最近の中国がより大規模に再現しているのであろう。

この日本の高度成長期は、賃金の上昇とほぼ完全雇用、さらに、農村と都市の経済格差の相対的縮小、一定の平等化による安心を国民に与えた。何よりも一生懸命に学び一生懸命に働けば豊かになれるという実感を国民に与えたことが大きい。１９５5年から１９７0年までのGDP成長率は平均9％超、最高は１９６8年の12・4％だった。ただ、これは戦時期を通じて強化されてきた総力戦体制の総仕上げを、国内海外を両対象として実行し、成果を挙げたということでもあった。

このあと、1970年代には、金融がグローバル化し、割安な円に依存した輸出拡大はできなくなった。それでも輸出に活路を見出そうと生産システムや制度の再編成に注力したが、人口構成変化つまり急速な高齢化も加わり始め、高度成長期の拡大を支えた国内貯蓄も減少に転じた。1970年から1990年までのGDP成長率は半分程度に低下するが、それでも日本経済は1955年から1990年まで合わせて35年間もの成長期間を持ったことになる。

米国を先頭とする世界は、「日本の輸出攻勢には耐えられぬ」「日本は黒字還流をせよ。内需主導経済に切り替えよ」と叫び、2回のオイルショックとニクソンショックの到来もあった。加えて1985年のプラザ合意で日本は世界に抑え込まれ、円高危機が到来した。輸出偏向型の成長モデルは長続きしなかった。金融緩和により内需を喚起せんとするも、余剰資金は国内外不動産等に流れ、資産バブルが発生した。1990年以降、資産バブル崩壊を起点とする不況が到来したのであった。

この1955年から1990年まで35年間もの長期の経済成長が続いたことが、日本をその後苦しめ続けるのである。企業も農協も銀行も労働組合も大学も公共団体も、何もかも、1990年までの35年間続いた黄金期に莫大な財力と政治力・発言力を蓄積し、競争を望まず、痛みのある改革に取り組まず、事態好転のみを待って様子見をするという不健全体質になってしまった。すべて日本人の責任によるものだ。

しかも1990年から2020年までの30年間に、政府の経済施策は拡張的財政刺激策とか金融緩和とか日銀や公的資金による株の買い支えとか、中堅・中小から大企業までゾンビ企業への金融支援とか、日本経済を甘やかすことにつながり、継続的成長にはつながらぬものが大勢を占めていた。


企業を見学したりしていると、欧米と比較して日本の職場は残念ながら「熱意無き職場」に見えてしまうことがよくある。

欧米企業でも、研究開発の現場等は比較的静かな雰囲気だが、それでも異国からの訪問者である私の突然の質問にも熱意を持って答えてくれる。

たとえば、「私が今やっているのは医療用マスクのこの微細繊維材料開発で、結果はもうじき世に出ます。この型のわが社の先行マスクは世界シェア第3位につけており、私のこの微細繊維開発が成功すれば世界シェアトップになり、〇〇ドルの売上も期待されています……」といった具合である。研究者が営業についても十分に理解しているのだ。日本では残念ながらこうはいかない。

日立で毎年行っている「社員意識調査」には全世界の社員から回答が集まるが、そこでも日本人社員の回答はいつも一番控えめで遠慮がちで消極的だった。これには私もいつも落胆し、社内で何回も注意喚起を図ったものだ。
輸出中心の成長路線のあと、欧米の圧力で為替の恩恵を剝がされ、内需への転換を強要された1990年代以降の日本は、停滞路線一色の国になってしまった。GDPは停滞したまま増えず、一方の中国は往年の日本のような成長を遂げたが欧米の干渉の中に今はあり、また、欧米は1990年以降も堅実なGDPの伸びを見せており、日本と明らかに違う風景である。

かつて東京を訪問して私と話し合いをした前述のフィリピンの銀行家とは、私はその後再会してはいない。だが、もし彼が2021年の日本を見たとしたら、何と言うだろうか。

「日本もやはり普通の国だったのだね。でも東洋の奇跡と言われたあの成長の源が、それ以前の雌伏期間の国力蓄積にあったのだとしたら、１９９０年以降の30年の雌伏期間の蓄積も２０２０年以降の日本の新しい発展につながらないとおかしい。日本にはそれだけの力があるはずだ。もしそうでなければ、日本はアジアの中でも取り残された国になってしまう」

こんなふうに、大いなる警告を発するような気がする。

今こそ国際事業が重要だ

日立グループ連結での国際事業は、1989年度では全体の23%であったが、今では50%を超えている。2019年4月決算の連結売上収益9兆4806億円のうち、日本向けは49%、国際事業が51%である。その内訳は北米13%、欧州11%、アセアン・インドほかのアジア10%、中国11%、その他6%の比率で、世界の各地域に満遍なく分布している。

これを従業員数で言えば、日本55%、海外45%、また、株主数では国内57%、海外43%となる。近い将来には国際事業比率を60%程度にしようと考えているから、海外の従業員の比率も海外の株主比率も売り上げ比率に応じて増えてくるに違いない。

日立の国際事業はこれまで主として基幹事業から遠い事業の売却と近い事業のM&Aによって強化されてきた。M&Aした相手が欧州や米国など遠隔地である場合も多かったこともあって、相手先に居た人材をそのまま留保しながら現地の実事業を継続させる例が多かった。

企業が海外事業の比率をこれほどまでに増やそうとしているのには2つの理由がある。1つは日本市場が将来的に縮小していくため、海外市場拡大は必須と考えるからである。もう1つの理由は、日本は今後も準大国として振る舞う必要があり、日本の企業群としてもそれを支援していく必要があるからだ。

今後の国際安全保障や気候変動、さらにエネルギーや食糧や水資源など、国際的にどう適切に産出し分配するか、また、どう責任分担をするか、といった「地球の課題」を考える時に、日本は国際的な統合組織などをリードする側の有力な一員とならねばならない。その際に日本企業が世界各国に根づいた企業として、民間側から発言して日本国を支えることが大切なのだ。

ただ、1980年代とは異なり、現在の日本企業の企業価値が対米・対中比較で大幅に低下しているのは、株式時価総額で比較しただけでも歴然としている。よって日本企業の劣化からの回復が最初に必要となる。

まずはCX、DXをはじめとした諸施策を各企業が実行して、従来の微温型日本的経営モデルを破壊し、米英と対等に戦えるような日本企業に生まれ変わらなくてはならない。

大企業はもとより、中堅・中小企業のＣＸも日本企業復活のカギとなりうるものであり、重要なのだ。企業の実力向上のためには、先に述べたとおり、積年の課題である日本人の語学能力向上も欠かせない。中国語の時代ではなく、おそらく再び英語力が必要になる。

国家としての日本の実力向上のためには、安全保障の話が登場せざるをえない。日本が核武装などではなく、本格的非武装中立案を作り出さねばならない。

ポストコロナ時代に復活が確実なのは中国と考えられがちであるが、私は違っていて、やはり米国だと考えていることを付記しておかねばならない。世界的な人材を自国に集めてくる力とか、大学や研究所といった社会的共通資産が新しい価値を社会に生み出す力とか、チャプター11（米連邦破産法第11条）等を活用してゾンビ化した企業などを素早く畳んで企業を新たに生み出す力とか、将来にわたって中国を凌駕する軍事費など、社会のあちこちに強い機動力と安全保障力とが分布しているのが米国なのである。中国は中央政府による一党独裁で、短期的な財政政策の効果などでは世界を感心させるであろうが、10年あるいはそれ以上というようなスパンでは米国に後れを取るのではなかろうか。

天からの印

現役の時には、会社の仕事の関係でいろいろな国に出かけた。

何となく日本人と共通点が多い国民だなと思った時は、言葉の語順やら天印やらにつき、つい確認質問をする癖があった。

語順については「私は、東京へ、行く」という主語・目的語・動詞の語順（SOV型）なのか「私は、行く、東京へ」という英語系、中国語系なのかということを聞く。そして天印とは、赤ん坊のお尻にモンゴリアン・スポット（蒙古斑）があるかどうかを尋ねるということだ。

ミャンマーを最初に訪ねた時、語順が日本と同じで、天印も幼児の7～8割に見られると聞いて、祖先は日本と共通だ、と驚き喜んだ。

遠い昔にモンゴル系民族が移動し、南に向かってイラワジ河を下ったものはミャンマーに至り、西へ向かったものはウイグルやトルコ、トルクメニスタンに至ったのだ。さらに遠く欧州に至ったものもあり、ハンガリー、フィンランドやエストニアでも言葉が周りの諸国とは異なり、天印もかなりの比率で認められると聞いた。

東へ向かったものは、朝鮮や日本ももちろんだが、地球の最終氷期に海面低下で陸続きになったベーリング海峡を歩いてアラスカ経由で北米大陸に、さらに南米大陸のそのまた南端にまで到達していたのだ。つまり現生人類ホモサピエンスはコロンブス以前に南米・北米大陸を発見していたということになる。


遠い共通の祖先は、中央アジア北部高原の極寒の地で、マンモスやヘラジカなどの巨獣を追う狩猟民だったようだ。共通祖先のそのまたの祖先は、7万2000年前にホモサピエンスの2回目の大移動としてアフリカを出たが、その時は肌色が黒色であった。中央アジア北部の太陽光強度に1万年程度の時間で適応して、共通祖先は皮膚がだんだん黒色から黄色に移っていき、最後の黒色の名残がお尻の皮膚下数ミリの箇所へのメラニン色素の残留となった、ようである。

人間の個体は人類の進化過程を繰り返して成長するのだから、赤ん坊の頃に蒙古斑は消えてしまうのが普通だが、中には30歳頃まで消えない人も居るらしい。

また、共通祖先は極寒の地で長く暮らす間に、放射熱量をできるだけ減らすべく、鼻も低く扁平な顔つきとなり、背も低く、身体も丸っこくなった。

太陽光はもっと薄いが、中央アジア北部高原よりは寒さの程度が低い欧州へ行った人類は、鼻も高く彫りの深い顔つきで背も高く皮膚は白色となった。

私も世界の各地に行くことが増えるにつれて、「あれここにも遠い親戚が居る」と驚き続けたのであった。


地球の最終氷期の末期1万2000年前には先住のネアンデルタールとかホモ・エレクトスは絶滅し、知性に優れたホモサピエンスのみが生き延びたが、その時の総人口は地球すべてで1万人を割ったと推定されている。地球上の現在人口約78億人はすべてその1万人弱から出発しているわけであり、現在の肌の色、容姿、言語がどれだけ広範囲であろうとも、現生人類は単一種であることをみんなで再確認をするところからまず始めなければならない。

単一種ゆえ広範な遺伝子交配による免疫力獲得などができにくく、世界的な感染症や気象変動の猛威などに対する抵抗力が不足しがちになるのだ。これは地球上のほかの動物と比較しての現生人類の弱点と言わねばならない。

太陽系との関係で言えば、地球は長かった温暖期のピークを越え下りつつあるところで、今後、地球時間での長期的には氷期に向かっていく時代である。われわれ現生人類は、人類起因の大量の温暖化ガスの影響によりわずか２５０年という短時間で地球を温暖化せしめ、数多くの気象災害をもたらし、海岸線の大変化等々をもたらしていることを科学的に綿密に確認し、対応策を決定しようとしつつある時期にある。


各民族の肌の色、容姿、言語そして民族の歴史などを乗り越えて、地球の持続性と人類の存続をめざす決意をする時期に来ていると、最近の私は考えるようになった。蒙古斑のこととか、黒色、黄色、白色人種のことから始まって、話はずいぶん拡大したのである。

ヒト・現生人類がよかれと思ってやってきた産業革命以降の科学技術・文明の発展が、環境破壊・生物の絶滅・地球そのものの破滅にまでつながりうることが見え始めた今日、すべてのヒトが立ち止まって考え直すことは、必須である。単にこれまでの環境破壊的な行動を是正するということでは済まない段階にきている。

大気、水、海、河川、森林、土壌をはじめ全地球的に環境を再生し、食料もエネルギーも、そして平和も社会格差も社会公正もパートナーシップもとなると、まさに国連のSDGs「世界を変えるための17の目標」そのものの実現が求められている。先進国も途上国もそして地球全体の人間が、今、一体となった行動を始めなければならないのだ。人類がここまで地球を傷めてしまったのだから。

現生人類の人口78億人にしても、今後2050年には90億人余りに達すると予想される。この人口を養う食料のみを考えてみても、農薬や肥料や飼料などまでを含めた総エネルギーを、枯渇しつつある化石燃料だけでは賄えない時がくる。

核分裂による原子力発電のエネルギーを使えば賄えるだろうが、その前に人類がこのように巨大なエネルギーを消費し続けながら、この有限の地球で人口を増やし続けてよいものかどうかを全人類で考えてみる必要がある。私は今、SDGs17の目標のその次の段階のことを言っている。

あとに述べる本格的国際組織「世界全体会議」で科学と政治を融合した全世界的方向性を出すことが必要だが、人類は本当にやれるだろうか？

国家安全保障

日本は経済力、産業力、科学技術力や国民の自律力に支えられたグローバル国家として次の時代に生きていこうとしている。現在でも、またおそらく未来でも周辺国は必ずしも友好国とばかりは言いきれぬから、国家安全保障の仕組みが重要となる。

ロールモデルはスウェーデン、スイス、オランダそしてドイツなどであろう。

スウェーデンは、第1次・第2次大戦にも参戦せず、平和国家体制が200年余りも維持されている。人口は1000万人である。とくに専守防衛の国軍は2万人で、核兵器は持たぬものの強い防衛力が維持され、男女ともに18歳から47歳の間に兵役義務がある。防衛費もGDPの2%で日本の2倍の比率だ。スウェーデンはEU（欧州連合）加盟国ではあるが、通貨はクローナを堅持して経済的独立を実行している。

スイスは永世中立国となって200年になる。人口は900万人であり、徴兵制による

4000人の現役軍人と21万人の予備役が居る。

男性は徴兵制であるが、女性は志願兵制である。防衛費のGDP比率は0・8％である。

第2次大戦では85万人が動員され、武装中立を守り、さらに侵略者に対して焦土作戦を宣言して対応した。今回の新型コロナウイルス感染症に対しても、8000人の兵を動員派遣して対処した。

ドイツは、陸・海・空・戦力基盤・救護業務からなる軍隊を持ち、NATO（北大西洋条約機構）加盟国であり、軍総員は18万人。核開発はせず核武装もしない。国防予算はGDPの1・23％である。ドイツは、米国との安保条約に基づき、2つの米軍司令部を国内に受け入れ、国土防衛を共に行っているが、GDP比の国防費が1・23％と他のNATO加盟国比で少ないなど、米国側の不満が募っているところである。

これらに対し、日本は戦後70年間、平和国家として「不戦」を守っており、GDP比の防衛費は0・9％、自衛隊は23万人を擁し志願制で女性も含み、通常兵器での国土防衛を期している。米軍との関係はドイツと似ている。さらに電子戦に向けた電子攻撃部隊すなわち敵のレーダーや通信を無力化する強力電波妨害装置などを開発中と言われているが、詳細は明らかにされていない。

日本の国家安全上の最大の課題は、日本国民の大部分が「憲法第9条の非武装中立論は世界中に理解されているし、日米安全保障条約により米国が守ってくれるから大丈夫」、と信じ切っているところにある。

今、世界に核武装国は10カ国＋αあると考えられている。将来的に日本とそれらの国々との間で国際的な紛争が勃発したと仮定した時、日米安全保障条約に基づいて、米軍が核兵器をも見せながら参戦してくれなければ、日本が主体で通常兵器で防衛戦を戦うことは現実的ではない。一方で、安保条約には、米国の日本防衛は規程上義務化されてはいない。米国が日本を助けにこなかった時の罰則事項が定められていないからだ。


日本が米国なしで、通常兵器で核武装国と戦いうるか、となるとこれはとても無責任な案だ。それでは、核武装を日本がこれから自主開発するという案はいかが？　となるが、ロシア・中国をはじめとした既保有国が、おそらく米国までをも含めて総反対するだろう。日本国内の経済と社会や国民感情にも耐えきれない。

ならば、NATOの国以上にGDPの3～4％を総合国防費にあてるけれども、それらを純軍事費のみではなく、外交、経済協力、国際文化交流、人材育成、草の根交流などの非軍事ソフトウェア領域などへの投資とする案がありうる。日本を攻撃すると得にならぬ、という非軍事的抑止網を作るのだ。ちなみにNATOでの軍事費は2％を目安としている。最新の日本・EUの戦略的パートナーシップ協定（SPA）などには、外交・安保・環境・教育・交流などの戦略的相互協定が含まれているが、このSPAは非軍事の戦略パートナー網の出発点になりうると考えられている。

この案は、最悪事態への対処を覚悟しておくことを必要とする。つまり、某C国なり某N国なり某R国なりが核武装を笠に着て、それでも日本本土に侵略してきた時にはどうするのか、という大きな課題を残している。このケースは、米国も日本の支援に動かず、かつ、苦労して作った非軍事抑止網も有効に働かなかった、という最悪事態を考えてのことである。そういう事態には、日本はもう整然と降伏するしかあるまい。1945年8月に白旗を掲げて連合国に無条件降伏したのとまったく同じで、一度した経験を繰り返すのだ。第2次大戦時にスイスが侵略者に対して焦土作戦を覚悟しているぞ、と宣言したのと同じ心持ちである。

最悪としてここまで覚悟が要ると認識したうえで、日本国民は、憲法第9条の非武装中立論やら非核武装論を理解しておく必要がある。

中国の未来

グローバリゼーションを最大活用できている国はどこだろうか。

もちろん米国（現在のGDP世界第1位）、さらに1980年代までの日本（現在のGDP第3位）、そして現在の中国（GDP第2位）であることには、誰しも異論のないところであろう。グローバリゼーションとは、つづめて言えば、ヒト、モノ、カネ（資本）、情報の4つが国際市場で自由に動けることである。

中国では、鄧小平の改革開放以来40年間、共産党一党独裁下での国家資本主義が大きな経済発展の牽引力となってきた。1989年6月の天安門事件のあとに国際社会から大きな締め付けを受けたが、その後鄧小平最高指導者・朱鎔基首相の大きな決断をもってWTO（世界貿易機関）加盟を申請し認められて、国際経済の場に正式に登場し、そして今日の隆盛を見た。

私は天安門事件の日に北京に居た。

１９７０年代から発電事業関連で中国に出入りしていたが、１９８９年6月の天安門事件の折も四川省成都で60万キロワット発電設備の技術供与交渉を行い、天安門事件前日に北京へ戻ってきたところだった。

空港付近は北京市内へ自転車で駆けつけようとする人々で一杯だった。われわれ外国人は空港付近に足止めされ、市内には入れない状態だった。翌日の6月4日に天安門広場での学生運動の高まりと人民解放軍による弾圧が起き、軍発表数値で３１９人と言われる学生の死亡者が出たのだ。

機を一にしてソ連のゴルバチョフ総書記が北京訪問中でもあったが、この訪問はむしろソ連共産党の指導力の弱さへの反感を中国指導部にもたらし、ソ連のようになるな！　が中国内のコンセンサスになってしまった。それにつけても天安門事件に遭遇したことにより、中国国民が自由民主主義への渇望を持っていることの一端を見た思いが30年後の今も私の中に残っている。

ソ連で一度崩壊したはずの共産主義が、今なぜ中国で息を吹き返しているのか？　1つは、共産主義の基本原則である「平等分配」制度を崩し、鄧小平の「白猫でも黒猫でもねずみを取る猫はよい猫」方式にしているからだ。

監視カメラによる個人監視や、アリババ等の芝麻信用による個人信用調査などで個人の動きをバックチェックしながら、国民を押さえ付けているから原則崩しなどは容易なのだ。

もう1つの基本原則「計画経済」に関しても、ビッグデータによって市場データ把握ができやすくなり、計画経済の精度が上がっている。ポストコロナ時代には、データがますます付加価値の源泉となってくる。データ時代が中国式共産主義すなわち国家監視型資本主義などと相性がよいことには注意が必要である。

日本も今後、国家を挙げてDXを進めて世界の動きをリードする側の国にならねば、国家資本主義の中国に圧倒されるばかりになる。菅首相のデジタル庁設置などから始まる国全体のデジタル化の政策は当を得ており、その実行は急を要すると思う。

一方、中国の現在の動きには大きい問題点も残る。

まずは平等分配に関する懸念である。民間企業という白猫や国営企業という黒猫をフル活用して経済というパイを大きくすることに成功した今、政府はいよいよ成果を国民に

「平等分配」して、固定化の兆しも見せ始めた社会格差を是正するという大作業に入らなければならない。しかし、既得権益が国中に隈なくはびこってしまった今、また、ポストコロナの経済縮小局面で、この大作業をするのは、いかに強権政府といえども至難の業であろう。

「計画経済」に関しては、米中対立による世界経済のブロック化の懸念など日々の政治課題がことを複雑にしている。1929年の世界大恐慌のあとも、米国以下各国で保護主義が拡大し、貿易総額が3年で60％も縮小して、世界的ブロック化が進み、第2次大戦へとつながったのだ。今日見られる米中衝突、とくに経済における正面衝突は、世界的なブロック化までに拡大するかもしれない。両国およびそれを取り囲む各国の回避努力が今後必須だ。

毛沢東時代よりも国富は大幅に増加した。しかしそれは公正に分配されてはいない。つまり、白猫黒猫主義の悪い面としての「貧富の拡大」が大きな課題として残されているのだ。上位1％の富裕層が富全体の30％を押さえていると言われている。習近平・王岐山は腐敗撲滅運動により現状の既得権層を打ち壊そうと進めているが、この運動が共産党の信頼回復につながるのか、または最終的に党の弱体化につながるかはまだ判然としてはいない。

改革開放以降、市民の生活水準は向上し続けた。貧困層でも貧しいなりに昨日より今日は暮らしやすくなった。国民が共産党一党独裁を一応支持しているのは、ひとえにこの点によっている。

それが今後は保証されなくなりそうだ。これまでの大成長期のツケが回ってくるのに加え、ポストコロナによる世界的な需要減もあり、政府・地方政府にも企業にも負債はたまる一方だし、福祉や環境保護のための増税はありそうだし、国有企業優遇および民間企業締め付けは必ずしもよい結果を招きそうもないし、本土以外の香港・台湾・チベット・ウイグル・モンゴルなどの「辺境」では経済成長停止後などの多様な要求に中国中央政府が応えきれなくなってくるように見える。

中国では今、バブルが進行中である。日本の1990年代をはるかに超える不動産バブルがまず目に付くが、より大規模な金融面での過剰融資であるとか、工場設備などの資本財への過剰投資などはすさまじい。話に聞くところの製鉄設備などばかりでなく、私が以前視察した発電機械や送配電機器の工場でも、それらの規模の過大さには驚かされたものだ。

バブルがはじければ、数百兆円規模――日本の1990年代の不良債権の数倍の不良債権発生の可能性がある。もちろん中国の国家体制から言って、公共投資を中心に対策を打てば数年の課題先送りはできる。問題はそのあとの本格的対策だ。

中国は米国などとは違って、国家主導の資本主義だから、経済の圧縮の側面ではいろいろな思惑が入り混じって、国営企業とか民間企業そして政府・地方政府とかが交錯し、対策には費用も時間もかかるであろう。米国のようにチャプター11法制等々をフル活用して、負の局面を素早く清算し、関係部署を新しい法人等に組み直して再出発させるようなことはできにくいであろう。ここはポストコロナの日本も念を入れなければならぬところでもある。


よって中国は、これから数年の財政対策のその後に景気の渋滞期、つまり右上がりではない時期に差しかかる可能性が大となる。そうなるとどうなるか？　これまで、昨日よりは今日の暮らしがよくなるから共産党一党独裁・共産党王朝をも是としてきた国民がついに反乱民多数に変化していくのではなかろうか？

長い歴史の中で、人民が歴代王朝に最後には反乱を起こしたいくつもの歴史の経過が思い出される。

共産党政府は70年余りの歴史を持っているが、今後10年から15年の間に大きい変化が待っていそうに見える。習近平指導部の最新（五中全会）の目標は、現状の1人当たりGDP1万ドルを2035年には3万ドル前後の中等先進国（イタリア・スペインなど）並みにすることだ。この3倍増目標は、内需の大幅拡大がなければ達成できない。米国とは異なり、人口が減少局面に入る中国で、コア技術の自力開発を行いながら、今の成長をさらに15年も続けるのは容易なことではない。


今後10～20年の間、中国が政治的な動きから米中戦争や他の戦争などを引き起こさないように、国際機関や近隣国は多大な注意を払わないといけない。日本がこの点に対して行うべきことに関しては先に述べた。

とにかく近隣の大国である中国は、過去も現在も未来も、日本が気にかけておくべき最重要国の1つであり続ける。

信頼される上位経済国家

日本は、国家安全保障、エネルギー自給、食糧自給、人口維持などの点で国際社会に劣後している。しかし今後は、経済力、科学技術力、国民の自律力に基づく健康国家として、国民が心身の豊かさを持つ上位経済国家、そして海外の人も住みたがる国をめざしていくべきだ。ロールモデルはスウェーデン、スイス、オランダ、ドイツというところだろうか。

現在の市場経済には世界的に課題が多い。コロナ後にも痛みは残り、企業も投資家もリスクを取って投資する機運が高まらない。世界の環境問題とか貧困問題とか格差問題の解決には膨大な投資や法整備が要るが、国際連携の枠組みがこれからであり、投資が企業の収益につながってくるメカニズムができるのはこれからである。

日本に限ったことでも、日本市場は日銀買い支えや公的資金の最大株主化など官製市場化が進んでおり、企業自身がたくましく伸びる機運を阻害している。

長年の拡張的な財政刺激や金融緩和は、継続的な経済成長や経済回復をもたらさなかった。そうした中でも、日本はこれまで以上の国際連携の枠組みづくりでのリードオフマンの役割が必要になる。経済の点からも、また国家安全保障の点からも、である。


そんな中で、まずは日本自身でできることがある。かねての課題である労働生産性の向上だ。今の日本は貿易依存度の低い国となり、内需で生きる国になっている。だから国内経済が国際的にも通用するよう改革できれば一番よい。現在、サービス産業などの第3次産業がGDPのうち72％を占めるほどになった。製造業・建設業などの第2次産業は、主な付加価値生産活動の海外シフトが進んだ結果もあり26％程度。農業・漁業などの第1次産業は約2％でしかない。第3次産業における労働生産性が他国に劣っていることは大きな問題である。

労働生産性とは、企業が生み出した付加価値（＝売上高マイナス仕入原価）を企業労働者の総労働時間数で除したものだ。すなわちそのサービスが生み出す1時間当たりの付加価値の大きさだ。この値が米国などと比較して、日本では単純比較で30〜40％と低く、サービスの「品質過剰」の違いを調整したとしても、約50％の労働生産性しかないというのが問題なのだ。どうやら過度の無料サービスの慣習とかIT投資の遅れとかデフレの影響とか、低賃金や長時間労働を美徳とする慣習などが影響しているようだ。

労働生産性を上げるにはまず、小売・卸売業なら米国の○○社、金融・保険業なら米国の□△社というように、日本に進出している企業や米国内のサービス業を詳細調査して、サービスの国際レベルをきちんと把握する必要がある。そのうえで米国進出を行えば米国市場にて戦える可能性が出てくる。加えてサービス企業の真のDX化が必須だ。業務のデジタル化にとどまらない、サービスビジネスそのもののDX化である。アマゾンが実行していることを日本版で追い付き追い越せるかだ。国内市場においても、米国並みのサービスが国際標準だ、と日本の消費者に納得させていくプロセスをきちんと踏むことが大切だ。しばらくの期間は、日本式価格と米国式価格を併存させて顧客に選択させる商売にする案もあろう。

ここまでやれば、日本のサービス業が国際事業としても存立しうるとか、労働生産性が上がるので将来の人口減少下の日本においても人手不足にならずにやっていけるとか、日本のGDPの総額を減少させずにやっていける、といった目処がつくのではないだろうか。

企業の新陳代謝についても触れてみたい。ポストコロナ時代を考えると、ＩＴ産業や医療産業などの比重が高まる一方で、サービス産業の中の運輸業、飲食産業、娯楽産業ほか、また第１次・２次産業の中のいくつかなどの衰退が予想される。

日本では長年にわたり、衰退に向かう産業を過度に保護する政策を続けてきたが、感染症の拡大が止まりある程度落ち着いてきた段階で、衰退に向かう産業を円滑に市場から退出させる政策すなわち「新陳代謝政策」を積極的に打ち出すべきである。

新陳代謝の主な検討対象となるのは、東京でも地方でも圧倒的に中堅・中小企業群である。いわゆる大企業の正規雇用者比率は全勤労者の20％程度までに減少しており、中堅・中小企業で働く人々とサービス業等に多い非正規雇用が、日本の圧倒的多数になっているのだ。

これまでは、自民党・公明党が自らの強固な政治基盤である中小企業を存続させるため、補助金交付など手厚い保護を続けてきた。実際には死に体のゾンビ企業が生き延びているケースも多く、この政策はもはや持続可能な経済の振興策とは言えない。「情より理をとれ」と同じことだが、衰退事業を延命させることは情をかけたことにはならず、衰退事業はきちんと畳んでヒト・モノ・カネの経営資源を新たな成長産業に振り向けるのが正しい道なのだ。

そのうえで、正規雇用労働者の年功序列・終身雇用制による事実上の雇用保障制度等々が、日本の労働市場の流動化を妨げて、日本中に「熱意なき職場」を作ってしまったことを改革しなくてはならない。今こそ日本的経営モデルから完全訣別をしようという改革だ。さらにＤＸそしてＣＸが、既存の大企業にも中堅・中小企業にも必要となる。先に述べた新規事業と既存事業との「両立ての経営」を行う必要がある。

大層に腕力と理性の必要な改革だが、資本（カネ）というよりヒトが大切なこれからの資本主義時代に、社長・ＣＥＯというヒトの本当の力量が試される重要な改革となる。


ただし、ここまで改革してもまだ「上位経済国」とは言いきれない。ＧＤＰ絶対値が世界で第３位の現状がずっと続くわけではなく、いずれインドに抜かれて第４位になる可能性が高いことも理由である。そこで日本にも国際企業価値比較で上位の優良企業を育てて、１９８０年代のように国際的に見えるようにすることが望まれる。その新優良企業は、たとえば製造業的事業を残しているにしても、新規のサービス事業としてＤＸ的（アマゾン的）な領域をも多分に持ったものになっているはずだ。

スイスにはネスレ（食品）、ノバルティス（医薬品）、ＵＢＳ（金融）やロレックス（時計）があるし、スウェーデンならエリクソン（通信機器）、H&M（アパレル）、イケア（家具）、スポティファイ（音楽配信）がある。日本も複数の上位企業が常に居る状況にせねばならない。加えて、分野としては狭いが力は世界一という商品、部品、サービスを持つ中堅・中小企業も国際事業の場で大切に育てる必要がある。

世界全体会議と草の根民主主義

７００万年前に人類と類人猿の先祖は分離した。類人猿の先祖は戦いにも強く、ヒトの先祖を熱帯雨林からサバンナへと追い出した。ヒトは、食料も少なく外敵も多いサバンナでの辛く厳しい日々を、頭脳を進化させ、群れの集団行動・社会行動を進化させながら生き延びてきた。家族としての行動に加えて、社会行動ができるところが、類人猿や他の動物と比較してのヒトの一大特徴であり、脳の発達も伴ってヒトの大発展につながった。

一方、類人猿のチンパンジーなどは快適な熱帯雨林でのその日暮らしにすっかり満足し、太古の生態をほぼとどめたまま今日に至っている。ヒトは未来を考え、辛く厳しい道を自分の意思で選ぶことができるようになり、生物種としての衰退を免れ、繁栄している。つまり競争の中で楽な道を選ばず、辛い厳しい道を選んでかつそこで進化できれば、その種は大きく繁栄できるのだ。ところが現実には、ヒトの繁栄を喜んでばかりはいられない事象が出始めている。ヒトの繁栄が地球の存続をも脅かすものになる可能性が出現しているのだ。

産業革命以降、ヒトは水、大気や酸素、食料、エネルギーなどの資源を食いつぶしてきた。その結果、気候変動・温暖化、大気汚染、森林減少や森林火災、海洋汚染、そしてパンデミックなどがヒト起因で発生している。人類が地球に対して責任を取らねばならない時代がきている。ヒトの行いは、有限の地球にとって過酷過ぎる部分がある。国や企業は、過酷過ぎる部分を削ぎ落とすか、あるいは補完するような社会開発・科学技術開発を行ったあとに初めて行動を取ることが許されるはずだ。

自然資産破壊への対応と同様に、社会資産への対応も欠かせない。まずは社会格差の拡大についてである。米国では、上位1％の富裕層が総資産の40％を占有するまでになった。米主要企業経営者団体（ビジネスラウンドテーブル）は２０２０年8月、株主資本主義からＥＳＧ主義、すなわちステークホルダー資本主義・社会的資本主義への歴史的転換を宣言した。

米国のみならず、株主資本主義を1つの原因とする格差拡大への怒りは世界中で政治、経済、社会を激動させている。世界資本におけるESG主義への転換が必要だ。本来なら世界一の金融大国・企業大国である米国が主導して設立した国際機関が働きかけ、途上国を含む全地球的な動きを可能にせねばならない。現状の米国は内政で手一杯であるが、国際社会として米国の主導へと米国を引き込まなければならない。

デジタル格差の課題もある。米IT大手企業「GAFA」および中国政府、アリババ、テンセントなど一部の企業が、軍事や文化や経済において圧倒的に大きな影響力を持ちつつある。これらの国家や企業はサイバー戦争参加能力を持ち、文化資産も種々提供でき、所有する個人情報も活用でき、さらに独自のデジタル通貨をも準備して、自分たちの利益のために人々の行動を監視し指導しようともしている。

人々の行動を監視できる者は君臨できる者であり、従来はそれが国家だけであったが、今はデジタル大企業もそれができそうになりつつある。

まるで国家の中に中世の荘園がいくつもできるようなものだ。やはり米国の規範なき資本主義は勝者競争を阻害し、総取りを導き技術革新の芽を摘んだのだ。これらの動きに関しては、いくつかの国家やEUなどの国家連合、さらに既存の国際機関が、たとえば独占禁止法などを武器に対応しようとしている。対策の第一歩として重要な動きである。

過去には、こうした全地球的課題に対しては超大国が主導して国際機関を設立し、課題解決を図ってきた。しかし、国際連合など既存の国際機関は必ずしも世界中の期待に添った成果を挙げられないできた。今日の悩みは、全地球的課題に対応するリーダーとなるべき新旧の超大国が、実際には内政に忙殺され、なかなか世界全体の新会議体構想などに立ち向かえないことである。

これまでの超大国米国は混乱の中だ。経済危機が起こり、失業率はかつてなく高く、桁外れの報酬を得る者と無保険で医療費を払えない者とが併存している。人種差別は暴動を引き起こし、米国に根深く続く孤立主義が再び表面化してきた。米国は、世界一の金融大国・企業大国の座は維持できるだろうが、世界に持続的に目配りする余裕は従来比で少なくなっている。

では、次の超大国候補の中国はどうか。中国は、経済から文化の面まで自国の規範を他国に押し付ける力は持っていない。軍事力でも、軍事費用や空母や海外軍事基地の数、核兵力――を比べても米国にはるかに劣る。食料や水の自給、社会保障も大きな脆さをはらんでいる。中国社会の安定維持には毎年8％成長が必要とされてきたが、これを今後長期に保てる可能性は多くない。職を失って農村に戻った者を含めた失業者問題も大きい。米中貿易戦争も熾烈を極めてきた。習近平政権の「戦狼外交」すなわち香港、尖閣、南シナ海、ウイグル、インド国境（さらに今後の台湾）などでの強権発動は、政権のプライドと不安をないまぜにした結果ではあろうが、世界中から示された懸念には極めて大きいものがある。

中国が独裁的指導者を残す選択をした場合、優れた起業家や独創的人材が締め出されて、基本である経済発展が続かず、現状体制は揺らぐという問題が残ろう。逆に思い切って民主化する策だと、旧ソ連と同様の運命が危惧される。結局、中国も米国同様内政で手一杯で、全地球的課題の解決のリーダーにはなれそうもない。

欧州や日本はどうか。欧州は、真の「欧州連邦」なる超大国が実現できれば世界をリードする可能性はある。だが欧州連邦に向けた確実な動きはまだ見られないし、近い未来にも難しそうだ。日本は、安全保障・軍事力から考えても単独では無理である。

やはり現在時点で動きの見られる「米日豪印」などの戦略共同体を起点とし、それから米国をＴＰＰ（環太平洋パートナーシップ協定）に呼び戻して……などの形が現実解に近いのだろう。

これに欧州の一部、英独仏伊それにカナダ、GAFAなどを加え「世界全体会議」の形に持っていければ、対中国認識を揃えるところから始まって、人類を脅かす地球規模のリスクに対しても、人類全体としての対応策が打ち出せる可能性が出てくる。超大国米国を準大国などが取り囲んだ、この戦略共同体を起動力とする方式が新しい地球全体の意思決定機関を作れるかどうか、である。

デジタル化時代の草の根民主主義を模索する案もある。直接選挙にせよ間接選挙にせよ、選挙だけで民意を表示し尽くすのはとても無理という現状である。今やAIやビッグデータの時代なのだから、科学技術の力で時間とコストを節約しつつ、民意を広く深く拾いまくる「ビッグデータ民主主義」による意思決定ができる時代がきたという考え方だ。カーボンニュートラルへの民間活動の中に、このビッグデータ民主主義を検討することが含まれているのは、うれしいことである。
直接民主主義に近い形を、村で、町で、市でやってみて、最後に国でやってみるとなると、日本はフロントランナーになるにふさわしい国と言えるのではないか。日本は社会の大きな分断まで至らずに踏みとどまっている国だし、「ビッグデータ民主主義」用の大きな堅牢なデジタルシステムも自力で作り出せるし、民主主義は本来、多数派も少数派も皆が少しずつ我慢しなければ回らないことも日本国民はよく理解できている。

理想は、この新しい意思決定システムを、新国際会議体が使いこなせるようにすることだろう。そうなれば地球的課題解決に日本が貢献できるようになる大きなステップとなるのではなかろうか。ぜひ実現したいものだ。

おわりに

本文でも触れたが、私は仕事人生から足を抜く時期がかなり遅れてしまった人間だ。親会社から子会社に出て、69歳になったところで引退をする心積もりでやってきたところに、2008年の世界金融危機に見舞われた親会社「沈む巨艦　日立」の経営改革を受け持つ羽目になり、それやこれやが続き、完全引退してみたら81歳となってしまっていた。

この仕事人生すなわち「働きがい人生」「やりがい人生」については過去に出した著書2冊にも記述したが、本書でも改めて振り返ってそのエッセンスを記述した。「働きがい人生」は本当にやりがいがあるのだが、世間からの評価にかなり左右されたり、自身でもかなりそれを意識せざるをえなかったりするところが問題点なのだと思っている。

69歳の時の心積もりでは、仕事人生を終えたらただちに「生きがい人生」に移行し、残り20年近い（？）人生終期を本当に自分の好きなことに集中して過ごすはずだった。それが12年も後ろ送りになってしまったのだ。

新型コロナウイルス感染症が世界を席巻している現状で生きがい人生の最初の1年を過ごしてみて、六仙も一俗もおおいに制限をされてはいるが、それでも読書などにはほとんど支障がないようにも思われる。以前にはとても時間が取れなかった大河小説・文学がじっくりと読め、初読のものばかりか再読のものにも新たな感銘を受けることができた。

スキーは2シーズンを棒に振って残念至極だが、これもワクチンや治療薬の間に合うであろう来シーズンからは、たっぷりと愉しめるはずである。

ただ、「生きがい人生」は自分が本当に好きなことだけをやっていればよいのではなく、他人のために尽くし、そのレベルはその人に生きがいを与えられる程であるべきだ。そう考えると、まだまだ道は遠い。天が与えてくれる時間の中で頑張るのみ、ということになりそうではある。

本当に「一俗六仙」の境地を堪能できるか否か、また今後の日本は元気を回復できるか、少し心配になっている皆様へも、また私自身へも、次の言葉を贈ることにしよう。

Remember, the best is yet to come.

こころせよ、まだまだいいことが待っている。

【著者紹介】
川村　隆（かわむら　たかし）
1939年生まれ。日立製作所元会長。東京電力前会長。1962年東京大学工学部を卒業し日立製作所入社。電力事業部火力技術本部長、日立工場長を経て1999年副社長。その後、日立マクセルなどグループ会社の会長を歴任したが、日立製作所が7873億円の巨額最終赤字を出した直後の2009年に呼び戻され、執行役会長兼社長に就任。日立再生を陣頭指揮した。黒字化の目処を立てた2010年に社長を退任、2014年には取締役会長を退任。2010～2014年日本経済団体連合会副会長。2014～2019年みずほフィナンシャルグループ社外取締役。2015～2017年カルビー社外取締役、2016～2017年ニトリホールディングス社外取締役。2017年に東京電力ホールディングス社外取締役会長に就任し、2020年退任。

一俗六仙
2021年7月1日発行

著　者――川村　隆
発行者――駒橋憲一
発行所――東洋経済新報社
〒103-8345　東京都中央区日本橋本石町 1-2-1
電話＝東洋経済コールセンター　03(6386)1040
https://toyokeizai.net/

ブックデザイン…橋爪朋世
イラスト…………髙柳浩太郎
カバー写真……今井康一
ＤＴＰ…………キャップス
印　刷…………図書印刷
編集担当………髙橋由里

ISBN 978-4-492-04692-0